Heino Schneider · Alexander Marti

Krisen vermeiden in IT-Projekten

Mit Vorlagen auf CD-ROM

Mit 36 Abbildungen, 13 Tabellen und CD-ROM

 Springer

Heino Schneider
Veilchenweg 5
5244 Birrhard
Switzerland
heino.schneider@bluewin.ch

Alexander Marti
Alte Affolternstr. 17a
8908 Hedingen
Switzerland
alexmarti@bluewin.ch

Die Eigentumsrechte der im Buch verwendeten Icons liegen bei der Firma soio Storyboard Office/Illustration Office.

Bibliografische Information der Deutschen Bibliothek
Die Deutsche Bibliothek verzeichnet diese Publikation in der Deutschen National-bibliografie; detaillierte bibliografische Daten sind im Internet über http://dnb.ddb.de abrufbar.

Additional material to this book can be downloaded from http://extras.springer.com.

ISSN 1439-5428
ISBN-10 3-540-22052-6 Springer Berlin Heidelberg New York
ISBN-13 978-3-540-22052-7 Springer Berlin Heidelberg New York

Springer ist ein Unternehmen von Springer Science+Business Media
springer.de
© Springer-Verlag Berlin Heidelberg 2006

Satz und Herstellung: LE-TeX Jelonek, Schmidt & Vöckler GbR, Leipzig
Umschlaggestaltung: KünkelLopka Werbeagentur, Heidelberg
Gedruckt auf säurefreiem Papier   33/3142/YL - 5 4 3 2 1 0

Vorwort

Wer sollte dieses Buch lesen

Geschätzte Leserin, geschätzter Leser dieses Buches. „Ein weiteres Projektmanagement-Handbuch für den IT-Bereich", werden Sie denken. Beim Erstellen des Konzepts des vorliegenden Buches standen wir tatsächlich vor der Wahl, entweder ein weiteres Methodenbuch, oder eben etwas Neues, nämlich eine Sammlung von Erfahrungen, strukturiert und übersichtlich zusammenzustellen. Dieses Buch richtet sich daher nicht primär an Einsteiger oder Methodiker, sondern besonders an all jene, die anhand von praktischen Beispielen Hinweise auf mögliche Situationen und potentielle Gefahrenmomente in IT-Projekten erhalten wollen. Gleichzeitig finden sich in diesem Buch nützliche Tricks zum Vermeiden von Projektkrisen.

Anglizismen sind in dem Buch in dem Umfang verwendet, wie sie aus unserer Sicht auch in dem reellen Projektumfeld vorkommen. Leider sind Frauen in der IT-Branche immer noch bedeutend untervertreten. Trotzdem verzichten wir der Einfachheit halber auf die Verwendung der weiblichen Form. Ein Buch von Profis für Profis, wobei auch der Neuling den einen oder anderen guten Tipp finden kann.

Struktur des Buches

In erster Linie enthält das Buch eine Sammlung von Erfolgsfaktoren sowie dazugehörige nützliche Vorlagen (Templates). Gerade letztere helfen Aufwand reduzieren. Absichtlich nur am Rande erwähnt werden die etablierten und bekannten Methoden sowie Zertifizierungsverfahren.

Diese wurden aus unserer Sicht in der Fachliteratur bereits umfassend beschrieben.

Piktogramme (Icons)

In diesem Buch verwenden wir folgende Piktogramme zur Kennzeichnung sich wiederholender Begriffe:

Piktogramm (Icon)	Begriff	Beschreibung
	Situation	Eine Situationsbeschreibung oder ein Geschäftsfall. Hier wird eine Momentaufnahme aus dem Projektleben beschrieben.
	Lösungsvorschlag	Lösungsvorschläge sollen als Ideengenerator dienen, wie in einer bestimmten Situation vorgegangen werden kann.
	Achtung	Besondere Hinweise auf Fallstricke. Vermeintlich gute Ideen aus einer Projektphase können in einer späteren Phase zu Problemen führen.
	Trick	Effizienzsteigerung der Arbeit sowie Abkürzungen bei aufwändigen, oft administrativen Tätigkeiten.
	Definition	Theoretische Abhandlungen oder Definitionen von Begriffen und Prozessen.

Tab. 1: Piktogramme (Icons)

Dokumente auf der CD-ROM

Auf der CD-ROM befinden sich Vorlagen zur praktischen Verwendung. Im Buch wird auf diese Vorlagen in der Randspalte hingewiesen.

Die Notation ist Vorlage: <die Form des Dokuments>, Dateiname: <Dateiname>.

Vorlage:
 <die Form des Dokuments>;
Dateiname:
<Dateiname>

Danksagung

Es ist uns wichtig, unsere vielseitigen Erfahrungen die wir aus Projektleitungen, Projektcontrolling, Führung von Projektleitern und aus Schulungen von Projektleitern gesammelt haben, zu kommunizieren.

Dieses Buch zu schreiben, hat uns mit viel Freude erfüllt. Es hat uns jedoch auch viele Stunden gekostet und die Geduld unserer Partnerinnen auf eine harte Probe gestellt. Daher liegt uns daran, ihnen hier an dieser Stelle einen Dank auszusprechen. Sie haben uns moralisch, durch ihr Verständnis und ihre aktive Mithilfe bei den Korrekturen sowie ihre konstruktiven Kritik nach Kräften unterstützt.

Inhaltsverzeichnis

1 Abgrenzung

Das IT-Projekt besteht im Prinzip aus zwei Hauptelementen, die im Rahmen der Projektorganisation eng miteinander gekoppelt sind:

1. Der Führungsteil
2. Der Herstellungsteil

Nachfolgend befassen wir uns hauptsächlich mit dem Führungsaspekt eines IT-Projekts und nicht mit dessen diversen Herstellungsmethoden.

Der IT-Projektleiter steckt in einem dauernden Dilemma, wie viel von der eigentlichen Entwicklungstechnik er zu verstehen hat und wie detailliert er in ein technisches Detail eintauchen soll.

Er muss den fachlichen Umfang des Projekts kennen und sollte praktische Erfahrung in mehreren Programmiersprachen haben. Die Grundprinzipien des Programmierens – und die Schwierigkeiten – bleiben bei klassischen Programmiersprachen wie Cobol oder objektorientierten Sprachen wie Java dieselben. Bestes Beispiel dafür sind die zu implementierenden Schnittstellen: Egal ob Messages, Records, XMLs oder DTOs die Daten von einer Komponente zur nächsten transportieren, die Schnittstellen müssen rechtzeitig und hundertprozentig vereinbart werden. Besitzt der Projektleiter zu detailliertes technisches Wissen, besonders die genaue Kenntnis der verwendeten Programmiersprache, so sollte er sich nicht dadurch zu Herstellungsarbeiten verleiten lassen. Ansonsten verliert er die Übersicht über das Projekt und gefährdet dieses somit.

1.1
Führung

Führung im Sinne des Projektmanagements bedeutet folgendes:

- Wer ist der Endbenutzer des Lieferergebnisses?
- Wer hat welche Interessen am Projekt (Stakeholder)?
- Wer besitzt welche Stärken und Schwächen im Projektteam?
- Wer liefert was?
- Von welchen fremden Lieferungen ist das Projekt abhängig?
- Welches sind die Termine; welche Lieferungen sind als nächste fällig?
- Wie hat der Herstellungsprozess in der verwendeten Entwicklungsumgebung auszusehen (Designpatterns)?
- Mit welchen umliegenden Komponenten werden die gelieferten Produkte kommunizieren (Blockschema)'
- Welche typischen Herausforderungen bieten die Entwicklungs- und Laufzeitumgebung?
- Wie hat der Ausbreitungsprozess von Software und Hardware in der gegebenen Umgebung abzulaufen?

1.2
Herstellung

Herstellungsverfahren werden in der Regel für jeden Herstellungszweck individuell aus Standardverfahren abgeleitet.

Für die Erstellung von Software heisst dies beispielsweise: Integration mehrerer existierender Softwareprodukte, Erstellung einer neuen Software auf der „grünen Wiese", Konfiguration einer anpassbaren Software und so weiter.

Bei der Hardware kann es sich um die Ersetzung eines bestehenden Systems mit einem neueren Modell, um die Ausbreitung von Servern oder PCs oder um die Erweiterung einer bestehenden Infrastruktur zwecks Performance- und Ausfallsicherheitsverbesserung handeln.

In grösseren Vorhaben sind oft HW und SW kombiniert neu auszuliefern.

2 Modell

2.1
Der Projektablauf

In der Theorie werden die verschiedensten Projektabwicklungsmodelle vermittelt. Vom einfachen, allgemein einsetzbaren Wasserfallmodell bis hin zu komplexeren Modellen wie z.B. RUP, welches vorwiegend in der objektorientierten Softwareentwicklung eingesetzt wird.

Lassen wir uns durch die verschiedenen Modelle nicht verunsichern, sondern reduzieren wir unser Modell auf ein Wasserfallmodell, das in Form einer Release-Entwicklung mehrmals durchlaufen werden kann. Dies entspricht gemäss unseren Erfahrungen dem Modell, welches am meisten eingesetzt wird.

Damit wir die Themen der nachfolgenden Kapitel anhand eines einfachen Modells einordnen können, legen wir ein Modell fest, an dem wir uns orientieren können.

Nachfolgend eine kurze Beschreibung der einzelnen Phasen dieses Modells:

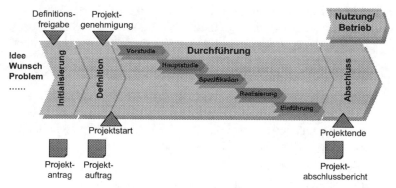

Abb. 1: Projektablauf

2.1.1
Vorphase

Der Fachverantwortliche einer Versicherungsgesellschaft für Internetanwendungen sieht, dass ein Mitbewerber den Kunden eine Internetlösung zur Erfassung von Schadenfällen zur Verfügung stellt. Im Bestreben, aktuelle Trends nicht zu verpassen, erteilt der Fachvertreter den Auftrag, eine Internetlösung zu entwickeln, die funktionell die Lösungen der Mitbewerber übertreffen soll. Er tritt mit dieser Idee an die Informatikabteilung heran und möchte ein Projekt initialisieren.

Am Anfang steht eine Projektidee, ein Wunsch oder ein Problem. Dieser Wunsch, diese Idee oder dieses Problem entsteht beim zukünftigen Benutzer des zu entwickelnden Systems. Um herauszufinden, ob es lohnenswert ist, diese Idee umzusetzen und die benötigten finanziellen Mittel einzusetzen, muss ein Business Case erstellt werden. Der Business Case belegt, warum es sich lohnt, ein Projekt durchzuführen. Es gibt fünf Gründe, die dafür sprechen, ein Projekt durchzuführen:

Vorlage:
Word Template
Dateiname:
Projektidee.dot

- Die Wirtschaftlichkeit:
  Die Projektinvestitionen werden durch Einsparungen, verminderte Ausgaben oder Mehreinnahmen in einer definierten Zeitspanne ausgeglichen. Das heisst, die Investitionen sind wieder erarbeitet worden.

- Unterstützung der Geschäftsstrategie:
  Das Projekt unterstützt die Umsetzung der Geschäftsstrategie, wie z.B. die Unterstützung eines neuen Produkts auf dem Markt oder einer neuen Absatzstrategie.

- Qualitative Verbesserung:
  Das Projekt bringt eine qualitative Verbesserung wie z.B. besseren Kundenservice durch schnellere Auftragsabwicklung oder die professionellere Bedienung des Kunden im Call-Center.

- Technische Notwendigkeit:
  Im Rahmen des Projekts wird eine Hardware- oder Softwarekomponente auf Grund von technischen Mängeln, wie zum Beispiel ungenügende Leistungsfähigkeit oder Nicht-Unterstützung der strategischen Architektur, ausgetauscht.

- Gesetzliche Bestimmung:
  Im Rahmen des Projekts wird eine Applikation an gesetzliche Änderungen angepasst.

Aus einem Business Case können kein, ein oder mehrere Projekte entstehen.

Der Business Case enthält folgende Angaben:

Vorlage: Word Template Dateiname: Business Case.dot

- Ausgangslage
- Einflussgrössen
- Rahmenbedingungen
- Restriktionen
- Ziele
- Anforderungen
- Arbeitshypothesen
- Lösungsansätze (in umfangreichen Business Cases)
- Risiken
- Kosten und Nutzen des Projekts

Aus Kosten und Nutzen wird die Wirtschaftlichkeit berechnet. Um die Konsequenzen des Projekts bzgl. Kosten und Risiken aufzeigen zu können, ist es bereits bei der Definition des Business Cases wichtig, die Informatik zu involvieren.

Um den oben erwähnten Business Case, insbesondere die Punkte Kosten und Risiken, zu erarbeiten, benötigt der Fachverantwortliche die Mithilfe eines Informatikers. Da noch kein Projekt gestartet und damit keine finanziellen Mittel zur Verfügung stehen, will die Informatik keine Person zur Ausarbeitung des Business Cases zur Verfügung stellen.

In dieser Situation muss von den Fachverantwortlichen ein Budget zur Erarbeitung des Business Cases beantragt werden. Mit diesen Mitteln wird ein Informatik-Berater zugezogen. Wir empfehlen, einen Berater auszuwählen, der, sofern ein Projekt entsteht, das zukünftige Projekt als Projektleiter übernehmen kann. Dieser zieht für die Detailabklärungen entsprechende Spezialisten aus der Informatik hinzu.

Sofern der hinzugezogene Berater das Projekt in einer späteren Phase nicht übernehmen kann, das heisst, ein neuer Mitarbeiter als Projektleiter eingesetzt wird, ist es für den neuen Projektleiter sehr wichtig, dass er den Business Case versteht. Zum Aufbau des Verständnisses sollte, wenn immer möglich, der Berater, der den Business Case zusammen mit den Fachverantwortlichen erarbeitet hat, den Business Case dem zukünftigen Projektleiter übergeben und diesen einarbeiten.

Eine andere, einfachere Möglichkeit ist die Vorfinanzierung solcher Beratungsleistungen durch die Informatik. Sobald das Projekt zu Stande kommt, können die entstandenen Beratungskosten auf das Projekt umgebucht werden. Falls das Projekt nicht durchgeführt wird, dieser Fall ist immer in Betracht zu ziehen, bleiben die vorfinanzierten Kosten auf der Informatikkostenstelle liegen. Dieses Risiko muss von der Informatik getragen werden.

2.1.2
Initialisierungsphase

Im Fachbereich ist eine Projektidee entstanden. Der Business Case weist eine hohe Wirtschaftlichkeit aus. Die Kosten und demzufolge der Aufwand zur Umsetzung des vorliegenden Vorhabens sind sehr gering. Der Fachverantwortliche versteht nicht, warum das Projekt nicht ohne Initialisierungs- und Definitionsphase in Angriff genommen werden kann.

Während der Initialisierungsphase werden verschiedene Arbeiten ausgeführt, die schlussendlich in einem Projektantrag enden:

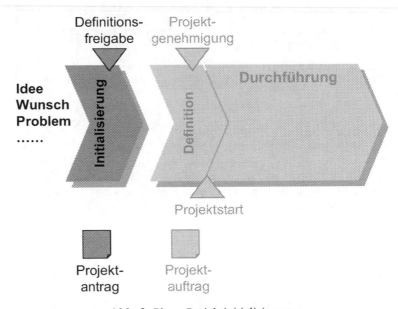

Abb. 2: Phase Projektinitialisierung

Der Projektantrag enthält folgende Angaben:

- Ausgangslage
- Begründung für das Projekt
- Zeitrahmen der Projektumsetzung
- Vorgehen
- Projektorganisation (sofern schon möglich)
- Projektrisiken
- Kosten / Nutzen
- Wirtschaftlichkeit
- Antrag zur Freigabe der Projektdefinition

Der Projektantrag wird dem Projektportfoliomanagement einge-
reicht. Im Portfoliomanagement wird entschieden, ob und mit welcher Priorität das beantragte Projekt umgesetzt wird. Ausschlagge-
bend für diesen Entscheid sind folgende Punkte:

- Wirtschaftlichkeit
- Unterstützung der Geschäftsstrategie
- Qualitative Verbesserungen
- Verfügbarkeit der entsprechenden Projektressourcen

Die Beurteilung des Projekts durch das Projektportfoliomanagement
ist auch für kleine Vorhaben zwingend. Auch diese sollen bzgl. der
Strategiekonformität und Ressourcenverfügbarkeit geprüft werden.

Es wird auch kleinen Unternehmen geraten, ein Projektportfolio
zu institutionalisieren und zu betreiben. Damit dadurch kein Over-
head entsteht, muss die Funktion des Portfoliomanagers einer Person
übertragen werden, die noch andere Aufgaben wahrnimmt, zum
Beispiel dem Assistenten der Informatikleitung oder dem fachseiti-
gen Informatikkoordinator.

Den Abschluss der Initialisierungsphase bildet die Freigabe der
Projektdefinition durch das Projektportfoliomanagement. Damit
kann die detaillierte Ausarbeitung der Projektplanung und des Projektauftrags gestartet werden.

Die Auswahl eines externen Partners zur Umsetzung des Projekts
erfolgt erst in der Phase Vorstudie. Die Projektinitialisierung ist eine
interne Tätigkeit.

Sie arbeiten seit kurzer Zeit als Projektleiter in einer Unternehmung, welche kein Projektportfolio betreibt. Sie erhalten von Ihrem Vorgesetzten den Auftrag, ein Projekt zusammen mit den Fachverantwortlichen zu initialisieren und zu definieren.

Erarbeiten Sie den Business Case sowie den Projektantrag zusammen mit den Fachverantwortlichen wie vorgängig beschrieben. Nun müssen Sie das, was normalerweise Aufgabe eines Projektportfoliomanagers darstellt, selber in die Hand nehmen, das heisst:

- Die Wirtschaftlichkeit muss in den erarbeiteten Unterlagen ausgewiesen sein. Das alleine reicht aber noch nicht. Die Wirtschaftlichkeit muss in einer aus Unternehmersicht akzeptablen Grössenordnung sein. Da Sie diese Grössenordnung mit ziemlicher Sicherheit nicht kennen, beschaffen Sie sich diese Information beim Auftraggeber.

- Die Unterstützung der Geschäfts- oder der Informatikstrategie muss aus den erarbeiteten Unterlagen ersichtlich sein. Im Idealfall können Sie jedes Lieferobjekt einem Strategiepunkt zuordnen. Wenn nicht, können Sie in einem eigenen Kapitel die strategische Unterstützung beleuchten.

- Weisen Sie nicht nur den finanziellen, sondern auch den qualitativen Nutzen in Ihren Unterlagen aus. Dies kann zum Beispiel die Beschleunigung des Kunden-Supportprozesses sein, der nicht in einem direkten finanziellen Nutzen endet.

- Führen Sie im Projektantrag bereits auf, mit welchen personellen Ressourcen Sie das Projekt umsetzen wollen (Schätzungen) und stellen Sie bei den entsprechenden Linienvorgesetzten sicher, dass die aufgeführten Ressourcen auch tatsächlich zur Projektumsetzung eingesetzt werden können.

- Um die Wirtschaftlichkeit zu ermitteln, benötigen Sie auch die Kosten des Projekts, die erforderlichen finanziellen Mittel pro Zeiteinheit. Stellen Sie sicher, dass diese Angaben entsprechend transparent im Projektantrag aufgeführt sind.

Wenn Sie all diese Informationen ausgewiesen haben, müssen Sie diese durch ein entsprechendes Gremium abnehmen lassen. Am besten verlangen Sie die Genehmigung des Projektantrages durch die Geschäftsleitung der Unternehmung. Die Geschäftsleitung verfügt über sämtliches unternehmerisches Wissen und ist in der Lage, einen fundierten Entscheid zu treffen nach dem Ansatz: „Do the right project at the right time." Die Entscheide der Geschäftsleitung werden zu keiner Zeit durch andere Stellen in Frage gestellt werden. Falls die Genehmigung durch die Geschäftsleitung nicht möglich ist, verlangen Sie die Einberufung des zukünftigen Projektausschusses, obwohl es diesen vor dem Projektstart offiziell noch nicht gibt. Bei der Zusammensetzung des Projektausschusses ist darauf zu achten, dass die Mitglieder hierarchisch möglichst hoch in der Unternehmung angesiedelt sind. Dadurch wird die Projektakzeptanz erhöht. Auch hier muss sichergestellt werden, dass ein getroffener Entscheid nicht durch eine andere Stelle in Frage gestellt werden kann.

Sie stellen dem Gremium den Projektantrag vor und beantragen die Durchführung des Projekts.

Dieses Vorgehen ist für Sie als Projektleiter ein Zusatzaufwand. Dieser lohnt sich in jedem Fall, da Sie dadurch die Sicherheit erlangen, dass das Projekt nicht zu einem späteren Zeitpunkt wieder gestoppt wird.

Ein Projekt, das nicht von einer offiziellen Stelle freigegeben worden ist oder das abgelehnt wurde, soll nicht als ein sogenanntes „U-Boot-Projekt" trotzdem durchgeführt werden, sondern soll gestoppt oder zumindest zurückgestellt werden.

Zur Erklärung: Ein U-Boot-Projekt ist ein Projekt, das nie offiziell gestartet worden ist, durch Linienverantwortliche mit Linien-Finanzierung aber trotzdem durchgeführt wird. Solche Projekte tauchen zu gewissen Zeitpunkten auf und sorgen für Unruhe (zum Beispiel in einer Budgetrunde). Unsere Erfahrung zeigt, dass U-Boot-Projekte nur Teilresultate bringen und in den allermeisten Fällen nicht zu Ende gebracht werden. Irgendwann wird das U-Boot, beim Auftauchen, zur Demotivation aller Beteiligten, ganz versenkt, das heisst, das Projekt wird ohne Rücksicht auf bereits getätigte Investitionen und Engagement der Mitarbeiter gestoppt.

Unsere Erfahrungen haben gezeigt, dass das Zurückstellen von Projekten der erste Schritt zum Projektstopp ist. Hier gilt: Möglichst schnell Klarheit schaffen, Projekte entweder in Angriff nehmen oder stoppen. Die Ressourcen aus gestoppten Projekten können für neue Vorhaben eingesetzt werden.

2.1.3
Definitionsphase

Ist das Projekt zur detaillierten Definition freigegeben, wird der designierte Projektleiter mit der Planung des Projekts beauftragt. Ist noch nicht bekannt, wer das Projekt leiten wird oder ist der vorgesehene Projektleiter noch in der Umsetzung eines kurz vor dem Abschluss stehenden Projekts, kann, wie vorgängig beschrieben, von der Informatik temporär ein Berater eingesetzt werden, der zusammen mit dem Auftraggeber die Anforderungen detailliert und die Projektplanung erstellt.

Ist der Projektplan erstellt und mit dem Auftraggeber abgestimmt, wird der Inhalt der Planung mit den Angaben aus dem Projektantrag ergänzt und ein Projektauftrag erstellt. Der Projektauftrag stellt die Grundlage für das Projekt dar, er bildet die Vereinbarung zwischen dem Auftraggeber und dem Projektleiter.

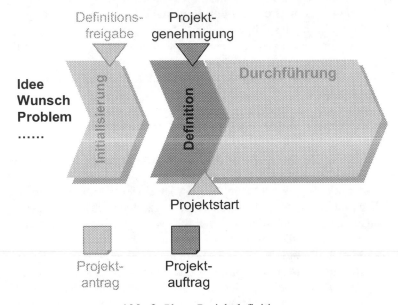

Abb. 3: Phase Projektdefinition

Der Projektauftrag enthält folgende Angaben:

Vorlage:
Word Template
Dateiname:
Projekt-
auftrag.dot

- Ausgangslage
- Untersuchungsbereich
- Abgrenzungen
- Rahmenbedingungen
- Ziele
- Vorgehen
- Verwendete Standards
- Projektorganisation
- Information und Kommunikation
- Projektrisiken und Massnahmen

- Qualitätssicherungsmassnahmen
- Lieferergebnisse
- Kosten / Nutzen
- Wirtschaftlichkeit
- Antrag zur Genehmigung des Projektauftrags

Der Projektauftrag wird dem Auftraggeber oder dem Auftraggebergremium zur Genehmigung unterbreitet.

Der Auftraggeber möchte vor der Projektgenehmigung, und damit vor der Genehmigung der finanziellen Mittel, Gewissheit über den Projekterfolg und den Umfang der Projektrisiken haben. Bevor er über diese Informationen verfügt, wagt er den Entscheid zur Durchführung des Projekts nicht.

In diesem Fall beantragen Sie beim Auftraggeber die Durchführung der Vorstudie. Das Resultat der Vorstudie besteht in einem Lösungsprototyp, mit dem die Projektrisiken abgeschätzt werden und die Projektplanung verfeinert wird und der damit die Grundlage zur Beurteilung der Machbarkeit bildet.

Die Resultate der Vorstudie halten Sie in einem Vorstudienbericht fest und präsentieren diesen dem Auftraggeber. Auf Grund des Berichts kann sich der Auftraggeber ein genaues Bild über das Projekt verschaffen. Die Freigabe der Umsetzung des Projekts können Sie, angepasst an die Erkenntnisse aus der Vorstudie, neu vornehmen.

Der erstellte Prototyp wird für die Umsetzung nicht weiter verwendet.

Der Projektauftrag stellt für den Projektleiter das zentrale Dokument, den Vertrag, dar, der die Basis für sein Projekt legt. Bei der Freigabe der Vorstudie durch den Auftraggeber gilt der Auftrag lediglich für die freigegebene Phase.

Auch die Projektdefinition ist eine interne Tätigkeit. Externe Partner für die Umsetzung werden erst in der Phase Vorstudie ausgewählt.

2.1.4
Projektstart

Der Projektauftrag ist durch den Auftraggeber und den Auftragnehmer, in unserem Fall den Projektleiter, unterzeichnet worden. Dem Projektstart steht formell nichts mehr im Wege. Die Mitarbeiter, die im Projekt mitarbeiten werden, kennen sich gegenseitig und den Auftraggeber noch nicht.

Das Projekt wird in jedem Fall mit einem Projekt-Kick-off gestartet. Am Projekt-Kick-off sind alle Projektbeteiligten vertreten. Der Projektleiter bringt zusammen mit dem Auftraggeber sämtliche Projektbeteiligten auf den gleichen Wissensstand und bildet so die Voraussetzung für einen erfolgreichen Projektstart.

Folgende Themen werden anlässlich des Projekt-Kick-offs behandelt:

- Offizielle Begrüssung
- Vorstellung der Projektbeteiligten und der Projektorganisation
- Projektvorstellung
- Projektinhalt / Ablauf Gesamtprojekt
- Projektinhalt / Ablauf Teilprojekte
- In scope / out of scope
- Einigkeit in den Zielen abholen
- Nächste Schritte
- Offene Punkte / Diverses
- Gesellschaftlicher Anlass

Wichtig ist, dass der Auftraggeber am Kick-off anwesend ist und seine Sicht sowie seine Vorstellungen einbringen kann.

2.1.5
Durchführungsphase

Die Phase Durchführung eines Projektes kann mittels verschiedener Modelle geschehen. Wir wenden hier das klassische Wasserfallmodell mit den fünf Schritten Vorstudie, Hauptstudie, Spezifikation, Realisierung und Einführung an:

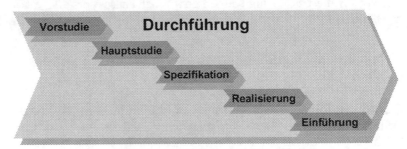

Abb. 4: Phase Projektdurchführung

- Im Rahmen der Vorstudie werden die Anforderungen des Auftraggebers detailliert geklärt. Falls die Projektumsetzung extern erfolgen soll, wird aus den Anforderungen das Pflichtenheft erstellt. Das Pflichtenheft umfasst folgende Punkte:
    - Ausgangslage
    - Ist-Zustand
    - Ziele
    - Anforderungen
    - Mengengerüst
    - Aufbau der Offerte
    - Administratives
    - Fragenkatalog
- Das Pflichtenheft wird mehreren Unternehmen zur Offertstellung zugesandt. Die erhaltenen Offerten werden bewertet und der Entscheid für einen Partner getroffen. Bei einem internen Projekt werden innerhalb der Vorstudie verschiedene Lösungsvorschläge erarbeitet und der Entscheid für einen Lösungsvorschlag getroffen. Der Fachvertreter hat in dieser Phase eine bedeutende Rolle, er definiert mit Unterstützung der Informatik, die Anforderungen an das System.
- Die Hauptstudie umfasst im Wesentlichen die Definition, was die einzelnen Lieferergebnisse des Projekts zu umfassen haben und wie sie ausgestaltet sind (was ist zu tun).
- In der Spezifikation wird die technische Beschreibung erarbeitet, das heisst, es wird beschrieben, wie die Lieferergebnisse erstellt werden.
- Im Rahmen der Realisierung wird die Spezifikation umgesetzt. Dies kann entweder mittels Erstellung von Softwarecode, Beschaffung und Integration einer Anwendung oder Beschaffung und Installation von Infrastruktur erfolgen. Weitere Themen des Realisierungsschritts sind Test und Anwenderschulung.
- Die Phase Einführung umfasst die Überführung des alten Systems ins neue (sofern ein altes System besteht) und die Implementierung des neuen Systems in die produktive Systemumgebung. Der Einführungsschritt wird durch die Benutzerabnahme abgeschlossen. Eine gestaffelte Einführung und Abnahme ist je nach Projektart und Projektplanung möglich.

2.1.6
Abschlussphase

In der Abschlussphase werden die Erfahrungen aus der Projektumsetzung festgehalten und die Lieferergebnisse offiziell dem Betrieb und der Wartung übergeben. Das effektive Projektergebnis wird bezüglich Kosten, Terminen, Lieferumfang und Qualität mit dem ursprünglichen Projektauftrag verglichen und die Abweichungen, ob positiv oder negativ, werden begründet.

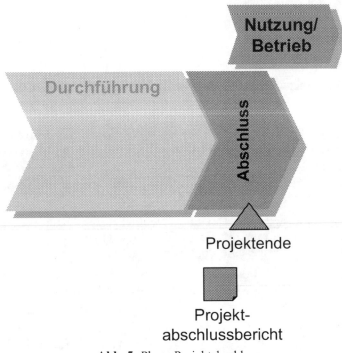

Abb. 5: Phase Projektabschluss

Die Ergebnisse werden in einem Projektabschlussbericht festgehalten. Dieser enthält folgende Punkte:

- Kurze Projektbeschreibung (Auftrag und Ziele)
- Getroffene Entscheidungen
- Wirtschaftlichkeit
- Gegenüberstellung Soll / Ist
- Abweichungen zur Zielsetzung
- Offene Punkte / Mängelliste

- Start der Nutzungsphase
- Übergabe an die Wartung
- Empfehlungen für die Zukunft
- Aussagen von Beteiligten und Betroffenen

Die Abschlussarbeiten haben einerseits einen formellen Charakter, dienen aber andererseits der geordneten Übergabe des Projekts in den Betrieb und in die Wartung.

Sie befinden sich in der Projektabschlussphase und möchten sicherstellen, dass die Projekt- und die Systemdokumentation korrekt archiviert werden und dass die vertragliche Situation geklärt wird.

Wir schauen uns als Erstes die vertragliche Situation an:
Betroffen sind lediglich die Verträge, mit denen Investitionsleistungen vereinbart worden sind, das heisst, keine Verträge, die betriebliche Leistungen beinhalten. Wir gehen davon aus, dass Sie die Verträge im Laufe des Projekts so vereinbart haben, dass eine Auflösung am Ende des Projekts keine Schwierigkeiten darstellt (zum Beispiel durch eine vereinbarte Dauer, die über das Projekt hinausgeht):

- Stellen Sie bei allen Verträgen sicher, dass die vereinbarten Lieferergebnisse erbracht und durch das Projekt offiziell abgenommen worden sind.

- Falls nicht alle Ergebnisse vorliegen, das Projekt aber bereits abgeschlossen wird, ist anzunehmen, dass das ausstehende Ergebnis gar nicht mehr benötigt wird. Hier kann entweder auf ein finanzielles Entgegenkommen des Lieferanten hingewirkt werden oder aber Sie vereinbaren mit dem Lieferanten Leistungen, die während des Betriebs oder für die Entwicklung des ersten Releases erbracht werden.

- Kündigen Sie die Verträge, die noch nicht auf Grund der erbrachten Leistungen bereits erfüllt sind.

Wenden wir uns der Projekt- und Systemdokumentation zu:
Wir unterscheiden zwei Arten von Dokumentationen. Diese Unterscheidung ist für die Archivierung relevant:

- Unter Projektdokumentation verstehen wir die gesamte Dokumentation, die den Projektverlauf beschreibt. Dazu gehören zum Beispiel der Projektauftrag oder der Projektstatusbericht. Es sind Dokumente, die nach dem Projektabschluss nur noch zur Sicherstellung der Nachvollziehbarkeit und zur Gewinnung von Erkenntnissen benötigt werden.

- Die Systemdokumentation hingegen beschreibt das Projektergebnis und wird zum Beispiel für die Wartung des Systems (Wartungsdokumentation) oder für den Betrieb benötigt.

Die Dokumente werden folgendermassen archiviert:

- Ein kompletter Satz von Projekt- und Systemdokumenten wird gesamthaft, idealerweise auf einem Fileserver mit vordefinierter Projektstruktur, abgelegt und zusätzlich auf einen unveränderbaren Datenträger zum Beispiel eine CD gebrannt.

- Die Systemdokumentation wird zusätzlich den themenspezifischen Unterlagen beigefügt. Konzepte und Spezifikationen werden zu den Wartungsunterlagen gespeichert. Ein Betriebshandbuch wird zu den Betriebsunterlagen abgelegt. Bedienungsanleitungen werden zu den Benutzerunterlagen gespeichert.

2.1.7
Projektende

Nachdem das System in den Betrieb und in die Wartung übergeben worden ist und keine weiteren Projektaktivitäten mehr stattfinden, wird das Projekt beendet. Bei Projektende werden der Projektleiter und die Projektmitarbeiter von den Projektpflichten entbunden und wieder frei für neue Aufgaben. Diese können die Durchführung neuer Projekte oder das Arbeiten im Betrieb oder in der Wartung umfassen.

Es ist sicherlich anzustreben, vor dem Projektende den Projektmitarbeitern und dem Projektleiter bereits ein neues Einsatzgebiet aufzeigen zu können. Wenn dies nicht möglich ist, besteht die Gefahr, dass sich die Projektarbeiten gegen Ende des Projekts verlangsamen. Da die Projektmitarbeiter nicht wissen, was sie nach Projektende für Aufgaben erwarten, sind sie bestrebt, möglichst lange für das Projekt arbeiten zu können.

2.1.8
Nutzung und Betrieb

In dieser Phase wird das System produktiv betrieben. Erst jetzt kommt der Nutzen des Systems zum Tragen. Neue Anforderungen oder die Korrektur von Fehlern werden nicht mehr als Änderungsantrag an das Projekt gestellt, sondern als Wartungsauftrag an die Wartungsabteilung. In Unternehmungen, die mit Releases arbeiten, werden die einzelnen Änderungsanträge (Request for Change) zu Releases zusammengefasst und im Rahmen von Releaseprojekten entwickelt, getestet und eingeführt.

2.2
Der Projektregelkreis

Die Haupttätigkeit des Projektleiters besteht im Managen, das heisst, im Führen des Projekts. Wir betrachten die Aufgaben der Projektführung anhand des Projektregelkreises.

Der Regelkreis umfasst folgende Tätigkeiten:

- Projektplanung
- Projektsteuerung
- Projektkontrolle

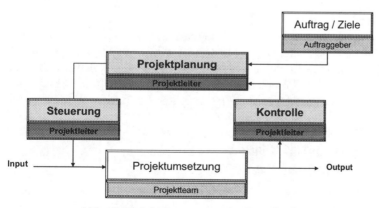

Abb. 6: Projektmanagement im Regelkreis

Nachfolgend finden Sie die Beschreibung der einzelnen Elemente des Regelkreises.

2.2.1
Auftrag und Ziele

Grundlage für die erste Projektplanung bilden die Anforderungen und Ziele, aus denen die Lieferergebnisse abgeleitet werden. Die Anforderungen und Ziele sind im Projektauftrag enthalten und werden im ersten Projektschritt, der Vorstudie, weiter ergänzt und konkretisiert.

Sie erhalten von Ihrem Kunden den Auftrag, ein Projekt umzusetzen. Als Basis für die Projektplanung stellt er Ihnen eine Präsentation, auf der die Projektziele aufgeführt sind, zur Verfügung. Sie analysieren die Präsentation respektive die Projektziele, können daraus aber nicht klar ableiten, welche Lieferergebnisse das Projekt umfassen soll.

Viele Projektleiter verfallen in einer solchen Situation in eine Eigendynamik, interpretieren die Projektziele und leiten daraus die Lieferergebnisse ab. Wenn Sie ein solches Vorgehen wählen, werden Sie bestimmt an einem der ersten Treffen mit dem Auftraggeber schwer enttäuscht sein. Der Auftraggeber wird in den durch Sie definierten Projektergebnissen seine Anforderungen und Ziele nicht erkennen. Es kann aber noch schlimmer kommen, wenn der Auftraggeber gar nicht genau weiss, was er vom Projekt erwartet, und erst am Ende oder gegen Ende des Projekts feststellt, dass das Problem, das er mit dem Projekt beseitigen wollte, immer noch existiert.

In einer solchen Situation müssen Sie unbedingt Klarheit über das Verständnis der Ziele schaffen:

Interpretieren Sie die Unterlagen nicht, sondern fragen Sie beim Auftraggeber nach. Falls Sie trotz Nachfragen die nötige Klarheit nicht schaffen konnten, organisieren Sie zusammen mit dem Auftraggeber einen Workshop. Erarbeiten Sie am Workshop die notwendigen Projektvorgaben. Es empfiehlt sich, den Workshop folgendermassen zu strukturieren:

- Ausgangslage / Situationsanalyse
- Definition und / oder Klärung der Ziele
- Erarbeitung von möglichen Ergebnissen, die zur Zielerreichung beitragen.
- Entscheid, welche Ergebnisse (Lieferergebnisse) im Rahmen des Projekts realisiert werden sollen.
- Festlegen, welche Ergebnisse mit welcher Dringlichkeit umgesetzt werden sollen.
- Absprache der nächsten Schritte

Auf Grund der Workshopergebnisse können Sie im Anschluss einen Vorschlag einer Projektplanung erstellen.

Sie haben die Lieferergebnisse zusammen mit dem Auftraggeber definiert, stellen aber fest, dass mit diesen Lieferergebnissen keine vollständige Zielabdeckung erreicht werden kann. Um sämtliche Ziele erreichen zu können, wären weitere Massnahmen nötig, die entweder aus finanziellen, technischen, strategischen, terminlichen oder gesetzlichen Gründen gar nicht realisierbar sind.

Auch in diesem Fall gilt es, Klarheit zu schaffen und dem Auftraggeber den Missstand aufzuzeigen. Folgende Möglichkeiten hat der Auftraggeber:

- Er passt seine Zielvorstellungen den Rahmenbedingungen an.

- Er passt, soweit möglich, die Rahmenbedingungen an: stellt mehr finanzielle Mittel oder mehr Zeit zur Verfügung.

- Er teilt das Projekt in Phasen auf. In einer ersten Phase werden die erreichbaren Ziele und in einer weiteren Phase die zusätzlichen, unter den vorgegebenen Rahmenbedingungen nicht realistischen Ziele erfüllt.

- Er stoppt das Projekt.

2.2.2
Projektplanung

Der Projektleiter erstellt in der Definitionsphase des Projekts erstmals die Projektplanung. Folgende Unterlagen stehen ihm dazu zur Verfügung:

- Projektantrag
- Einsatzmittelplanung der zur Umsetzung benötigten Mitarbeiter
- Planungsvorgaben des Unternehmens

Im Verlauf des Projekts dienen folgende Projektberichte als Input für die laufende Projektplanung:

- Projektauftrag (beschreibt das Soll)
- Projektstatusbericht (beschreibt das Ist)
- Projektänderungsanträge (die durch den Auftraggeber genehmigt werden müssen)

- Reviewberichte über Projektergebnisse
- Qualitätssicherungsberichte
- Risikoberichte
- Problemberichte

Die Projektplanung wird dem Auftraggeber anlässlich von Status-meetings regelmässig unterbreitet. Planungsänderungen werden jeweils zur Genehmigung vorgelegt.

Auf Grund von Schwierigkeiten im Projektverlauf zeichnet sich eine Projektverzögerung ab. Sie haben die Aufgabe, diese dem Auftraggeber bzw. dem Steuerungsausschuss zu melden.

Als erster Grundsatz gilt, keine Problemschilderung ohne Lösungs-vorschlag. Folgende Lösungsgrundsätze stehen Ihnen zur Verfügung:
Lösungen, mit denen der Endtermin eingehalten werden kann:

- Reduktion des Lieferumfangs: Versprochene Ergebnisse können nicht auf den versprochenen Termin realisiert werden, sondern werden in eine zweite Phase verschoben. Da es sich um eine fachliche Reduktion handelt, müssen Sie solche Massnahmen zusammen mit dem Auftraggeber oder mit den Fachvertretern vorbereiten. Zuerst müssen Sie beim Auftraggeber klären, welche Ergebnisse mit welcher Dringlichkeit erwartet werden.

- Reduktion der Qualität: Der Umfang der Tests und Reviews wird auf Kosten der Qualität reduziert. Solche Massnahmen können nur in Begleitung eines strengen Risikomanagements in Betracht gezogen werden. Die Tragweite und Eintrittswahr-scheinlichkeit der Folgen einer Qualitätsreduktion müssen Sie detailliert analysieren. Je nach Situation drängen sich stützende Massnahmen auf.

- Einsatz von mehr internen personellen Ressourcen: Sie beantragen mehr interne Personalressourcen, um die versprochenen Projektergebnisse noch realisieren zu können. Dadurch erhöhen sich die Aufwände der Projektumsetzung und damit die Projektkosten. Bevor Sie einen solchen Vorschlag unterbreiten, muss die interne Ressourcenverfügbarkeit verbindlich abgeklärt werden. Sie müssen konkrete personelle Ressourcen vorschlagen und die Verfügbarkeit der betreffenden Mitarbeiter mit der Linienstelle abgesprochen haben.

- Einsatz von externen personellen Ressourcen: Primär gilt es, das Projekt soweit wie möglich mit internen Personalressourcen zu verstärken. Üblicherweise sind die internen personellen Ressourcen nur sehr knapp bemessen, was aus unternehmerischer Sicht sicherlich sinnvoll ist. Der Einsatz von externen Personalressourcen ist eine flexible Möglichkeit, mit der auf solche Situationen reagiert werden kann. Dadurch steigen die Projektkosten an. Auch hier gilt, Sie müssen bereits konkrete Namen nennen können. Falls Sie die Möglichkeit haben, Ihnen bereits bekannte Personen einzusetzen, sollten Sie diese nutzen. Falls nicht, ist es angeraten, die externen Mitarbeiter einem Bewerbungsgespräch zu unterziehen, um ihre genauen Fähigkeiten herauszufinden. Diese Massnahme ist einfach umzusetzen, sie birgt jedoch das Risiko einer Fehlbesetzung.

Lösung, wenn der Endtermin nicht eingehalten werden kann:
Falls von Seiten des Auftraggebers weder einer qualitativen Reduktion, einer Kostenerhöhung, noch einer Reduktion des Lieferumfangs zugestimmt werden kann, drängt sich die Verschiebung des Endtermins auf.

In diesem Fall wird der Projektplan den neuen Gegebenheiten angepasst. Sie müssen detailliert aufzeigen, welches Lieferergebnis zu welchem Zeitpunkt realisiert wird und wie sich die zeitliche Verschiebung präsentiert. Auch diese Massnahme muss durch Risikomanagement begleitet werden. Die Risiken, die eine Verschiebung bergen, sind transparent aufzuzeigen. Es kann sein, dass sich auf Grund der Risikoeinschätzung begleitende Massnahmen aufdrängen. Die aufgeführten Massnahmen lassen sich auch miteinander kombinieren.

In jedem Fall, ob Sie Massnahmen mit oder ohne zeitliche Verschiebung vorschlagen, ist es wichtig, die Entscheidungsträger vor der Entscheidungssitzung über das Problem und die vorgeschlagenen Massnahmen zu informieren. Bei einer vorgängigen Absprache können Sie lange Diskussionen und unliebsame Überraschungen anlässlich der Entscheidungssitzung nicht verhindern, aber die Wahrscheinlichkeit, dass solche entstehen, markant reduzieren.

2.2.3
Steuerung

Im Zuge der Projektplanung werden einzelne Arbeitspakete erstellt und mittels Aufträgen den Teilprojektleitern oder direkt den Projektmitarbeitern übertragen. Auf Grund dieser Aufträge arbeiten die Projektmitarbeiter an der Realisierung der Lieferergebnisse des

Projekts. Die Mitarbeiter kommunizieren den Fortschritt der Arbeiten regelmässig dem Projektleiter.

2.2.4
Projektumsetzung

Das Projektteam arbeitet an den Lieferergebnissen des Projekts. Die Realisierungsfortschritte werden dem Auftraggeber sowie dem Projektcontrolling regelmässig mittels Statusbericht oder anlässlich von Statusmeetings kommuniziert.

Sie erstellen regelmässig Statusberichte, stellen diese dem Auftraggeber und dem Projektcontrolling zu. Sie erhalten jedoch nie Feedback zu den Berichten und fühlen sich dadurch verunsichert, ob Sie wirklich auf dem richtigen Weg mit der Umsetzung sind.

In einer solchen Situation bieten sich zwei Möglichkeiten an:

- Ignoranz: Sie unternehmen nichts und erstellen weiterhin die geforderten Berichte. Nach dem Motto: Solange sich niemand beschwert, wird alles in bester Ordnung sein. Dieses Verhalten birgt folgendes Risiko: Zu einem bestimmten Zeitpunkt erfolgt eine Reaktion seitens Projektcontrolling oder Auftraggeber, die die Projektplanung stark beeinflusst, das Projekt zu einem Richtungswechsel zwingt oder sogar zu einem Projektabbruch führt.

- Prävention: Sie reagieren auf die Situation, indem Sie den Auftraggeber auf die Situation ansprechen und bewusst ein Feedback zu den Projektstatusinformationen verlangen. Eine solche Reaktion kann anlässlich eines Meetings erfolgen und die Aussagen müssen in jedem Fall protokolliert werden. Dieses Vorgehen birgt das Risiko, dass Sie „schlafende Hunde" wecken und der Auftraggeber bzw. das Projektcontrolling den Statusbericht sehr detailliert analysieren und dadurch Punkte zum Vorschein kommen, die ohne Ihre Reaktion nicht zum Thema geworden wären.

Auch hier gilt es, Klarheit zu schaffen. Alles was vor dem Projektstart, aber auch während der Projektdurchführung nicht geklärt ist, holt Sie als Projektleiter früher oder später wieder ein. Verbergen bringt höchstens kurzfristig einen Nutzen und ist nicht nachhaltig.

Ähnliche Situation wie vorgängig geschildert: Sie erstellen regelmässig Statusberichte, leiten diese an den Auftraggeber und das Projektcontrolling weiter, erhalten jedoch nie ein Feedback zu den Berichten. Sie sind aber auf die Entscheide des Auftraggebers angewiesen, um das Projekt weiterhin umsetzen zu können.

In dieser Situation gibt es nur ein Vorgehen: Sie müssen vom Auftraggeber den Entscheid abholen. Das tönt recht einfach und deutet auf keinerlei Probleme hin. In der Praxis ist es jedoch nicht immer trivial, die notwendigen Entscheide zu erhalten. Falls sich solche Entscheidungsschwierigkeiten ergeben und die Weiterführung des Projekts davon abhängt, gehen Sie folgendermassen vor:

- Informieren Sie den Auftraggeber zusätzlich zur Zustellung des Statusberichts schriftlich (elektronisch) über die notwendige Entscheidung. Die notwendige Entscheidungsgrundlage legen Sie dem Auftraggeber bei.

- Falls der Auftraggeber nicht reagiert, versuchen Sie ein Meeting mit ihm zu organisieren, direkt mittels Telefon beim Auftraggeber oder bei seiner Assistenz.

- Falls auch dies nicht erfolgreich ist, überlegen Sie sich, wie Sie die Projektarbeiten so einstellen können, dass sie jederzeit wieder aufgenommen werden können. Künden Sie die Einstellung der Arbeiten an.

Bevor Sie solche Schritte unternehmen, müssen Sie die Entscheidungsgrundlagen erarbeitet haben. Das heisst, die Problemstellung muss erläutert, die Zielsetzung definiert sein und es müssen bewertete Lösungsvarianten vorliegen. Eine dieser Varianten muss als Entscheidungsvorschlag deklariert sein. Wichtig ist, jede Variante muss unter den vorliegenden Rahmenbedingungen und Restriktionen einen gangbaren Weg darstellen. Pseudovarianten sind als solche durch den Auftraggeber schnell erkannt.

Es stellt sich die Frage, warum tun sich Entscheidungsträger so schwer mit dem Entscheiden? Dafür können folgende Gründe vorliegen:

- Der Entscheidungsträger fühlt sich fachlich zu wenig kompetent, um entscheiden zu können. In diesem Fall fehlt das Vertrauen des Auftraggebers in den Projektleiter und seine Lösungsvorschläge. Dem kann lediglich mit einer Trennung der Beziehung zwischen dem Auftraggeber und dem Projektleiter abgeholfen werden. Das heisst, Sie müssen die Projektleitung abgeben.

- Der Entscheidungsträger hat Angst, einen Fehlentscheid zu fällen. In diesem Fall handelt es sich um eine Führungsschwäche des Entscheidungsträgers. Ein deutlicher Hinweis darauf ist das Verzögern des Entscheids durch das Einholen von unzähligen Expertisen. Dem kann lediglich durch einen Wechsel des Auftraggebers abgeholfen werden. Dies wird in den wenigsten Fällen möglich sein. Deshalb müssen Sie sich auch in dieser Situation überlegen, ob Sie die Projektleitung abgeben sollen. Der Projekterfolg wird kaum eintreten.

- Der Entscheidungsträger hat kein Interesse am Entscheid und somit am Projekt. Die Managementattention fehlt. Da das Interesse am Projekt nicht per Dekret verordnet werden kann, kann diesem Umstand ebenfalls lediglich durch einen Wechsel des Auftraggebers oder mit der Niederlegung der Projektleitung entgegengewirkt werden.

Zusammenfassend: Ein Projekt benötigt einen entscheidungsfreudigen Auftraggeber. Ist dies nicht der Fall, kann das Projekt nicht erfolgreich sein. Es gilt, entweder den Auftraggeber zu ersetzen oder die Projektleitung abzugeben.

2.2.5
Kontrolle

Der Projektleiter ist für die Kontrolle der Ergebnisse verantwortlich. Er stellt aus den Kontrollergebnissen den Gesamtstatusbericht des Projekts zusammen und passt auf Grund des Fortschritts die Projektplanung an. Er korrigiert die betroffenen Aufträge und gibt die geänderten Aufträge und allfällig getroffene Massnahmen mittels Projektsteuerung bei den Teilprojektleitern oder Projektmitarbeitern in Auftrag.

Der Statusbericht ist das wichtigste Element der Projektkontrolle. Er beinhaltet Aussagen über:

- Termin
- Qualität
- Arbeitsfortschritt
- Kostenverlauf
- Risiken

Als Projektleiter haben Sie das Bedürfnis, jederzeit über den aktuellen Stand des Projekts im Bild zu sein. Am liebsten hätten Sie täglich einen Statusbericht. Mit dieser Erwartungshaltung verursachen Sie hohe administrative Aufwände im Projektteam. Die Projektmitarbeiter beschweren sich bei Ihnen über die Belastung mit administrativen Aufgaben.

Finden Sie einen Kompromiss zwischen Ihrem Informationsbedürfnis und der Belastung der Mitarbeiter mit administrativen Aufgaben:

- Definieren Sie einen klaren, sinnvollen Reportingrhythmus. Der Rhythmus ist der Projektsituation anzupassen. Es gibt kritische Projektphasen, in denen sich ein kurzer Rhythmus aufdrängt, und es gibt Projektphasen, in denen über längere Zeit an den gleichen Lieferergebnissen gearbeitet wird und in denen ein längerer Abstand zwischen den einzelnen Statusreports möglich ist.

- Definieren und kommunizieren Sie, wie ein Statusbericht aufgebaut ist, und geben Sie den Projektmitarbeitern eine entsprechende Vorlage ab.

- Regeln Sie den Detaillierungsgrad des Statusberichts. Halten Sie diesen auf einem absoluten Minimum. Es reicht in den meisten Fällen, wenn Sie auf ein Ampelsystem setzen, in dem lediglich die Zustände Gelb und Rot kommentiert werden müssen. Für die einzelnen Ampeln muss jedoch vorgegeben werden, wann welche Farbe angezeigt werden muss, zum Beispiel beim Termin kann eine Grenze sein: Mehr als 10 % Abweichung vom ursprünglich geplanten Termin ergibt die Ampelfarbe „Gelb". Nach zwei Reportingperioden auf „Gelb" muss die Ampel auf „Rot" gewechselt werden. Dieses System birgt die Gefahr, dass von den Mitarbeitern die Ampeln gern auf Grün gehalten werden, damit sie keine unliebsamen Fragen beantworten müssen. Dies spielt sich mit der Zeit ein.

- Erhöhen Sie den Automatisierungsgrad der Statusberichterstellung. Im Idealfall verfügen Sie über ein Tool, in dem der Projektfortschritt erfasst werden kann. Ein Tool stellt weniger für den Autor des Statusberichts als für den Empfänger der Berichte eine Vereinfachung dar. Auch ohne Tool kann mit Hilfe von Excel-Tabellen ein wirksames Projektreporting aufgebaut werden.

3 Erfolgsfaktoren

3.1 Verträge

Die in diesem Kapitel aufgeführten Empfehlungen und Restriktionen sind auf die Gepflogenheiten im deutschsprachigen Raum abgestützt. Hauptsächlich werden Themen der schweizerischen Rechtsprechung gestreift. Ausnahme bildet das Kapitel über firmeninterne Verträge. Diese dürfen nach bestem Wissen und Gewissen gestaltet werden. Weitere Informationen zum IT-Vertragsrecht in der EU sind im Kapitel 0 „Weiterführende Literatur" unter [1] zu finden.

3.1.1 Der Vertrag

Ein Vertrag kommt nach geltendem Recht in dem Moment zu Stande, wo zwei Parteien eine gegenseitige Willenserklärung abgeben. Die schriftliche Form ist in gesetzlich definierten Fällen zwingend (z.B. Mietvertrag, Arbeitsvertrag). Auch dem Kauf eines Kaugummis am Kiosk liegt automatisch eine vertragliche Vereinbarung zu Grunde.

Bei IT-Projekten zwischen zwei Firmen ist der Abschluss eines Vertrags auch für kleinste Projekte empfehlenswert. Es ist auch ratsam, einen schriftlichen Vertrag abzuschliessen, wenn das Projekt firmenintern abläuft.

Damit der Aufwand zur Erstellung des Vertrags in einem optimalen Verhältnis zum Auftrag steht, wird das Erstellen von Standardverträgen empfohlen.

Paragraphen

(D) BGB § 133 Auslegung einer Willenserklärung
Bei der Auslegung einer Willenserklärung ist der wirkliche Wille zu erforschen und
nicht an dem buchstäblichen Sinne des Ausdrucks zu haften.

(A) ABGB § 861. Wer sich erkläret, daß er jemanden sein Recht übertragen, das
heißt, daß er ihm etwas gestatten, etwas geben, daß er für ihn etwas thun, oder sei-
netwegen etwas unterlassen wolle, macht ein Versprechen; nimmt aber der Andere
das Versprechen gültig an, so kommt durch den übereinstimmenden Willen beyder
Theile ein Vertrag zu Stande. So lange die Unterhandlungen dauern, und das Versprechen noch nicht gemacht, oder weder zum voraus, noch nachher angenommen
ist, entsteht kein Vertrag.

(CH) Nach OR ART 1: Zum Abschlusse eines Vertrages ist die übereinstimmende
gegenseitige Willensäusserung der Parteien erforderlich. Sie kann eine ausdrückliche
oder stillschweigende sein.

3.1.2
Der Auftrag oder Dienstvertrag

Ein Auftraggeber will für ein firmeninternes Projekt einen externen
Projektleiter auf Zeit hinzuziehen. Es stellt sich nun die Frage nach
der Vertragsform.

Die Praxis und Rechtsprechung bieten in einem solchen Fall den
Auftrag an.

Ein Auftrag an einen Dienstleistungserbringer kommt in der IT-
Branche dem Prinzip einer Einladung zur Mitarbeit an einem Vor-
haben (oder in einem Betrieb) gleich. Arbeitsstunden und anfallende
Spesen werden vergütet.

Ein Auftrag kann von beiden Seiten jederzeit gekündigt werden!
Üblich ist aus Kulanzgründen die Frist von 30 Tagen auf das Ende
des folgenden Monats. Eine Abnahme findet im Rahmen eines Auftrages nicht statt.

Verlangt der Auftraggeber trotzdem eine Abnahme, lohnt es sich,
die genauen Absichten des Auftraggebers zu kennen: Ein hinzuge-
zogener Projektleiter ist beispielsweise keine „schlüsselfertige Lieferung". In diesem Fall ist ein Werkvertrag ratsam (siehe Kapitel
3.1.3).

Im Auftragsverhältnis ausgeführte Arbeiten haben juristisch gesehen keine Verpflichtung zur Lieferung eines Werkes. Der hinzugezogene Mitarbeiter hat lediglich die Auflage, die ihm aufgetrage-
nen Arbeiten sorgfältig auszuführen.

Wenn kein Stundensatz vereinbart wurde, kann ein Auftraggeber nicht davon ausgehen, dass keine Vergütung bezahlt werden muss.
Im Streitfall entscheidet ein Gericht.

Gesetzestexte

(D)[1] Nach BGB 662: Durch die Annahme eines Auftrags verpflichtet sich der Beauftragte, ein ihm von dem Auftraggeber übertragenes Geschäft für diesen unentgeltlich zu besorgen. BGB 670 Ersatz von Aufwendungen:
Macht der Beauftragte zum Zwecke der Ausführung des Auftrags Aufwendungen, die er den Umständen nach für erforderlich halten darf, so ist der Auftraggeber zum Ersatz verpflichtet.

(A)[2] § 1151. (1) Wenn jemand sich auf eine gewisse Zeit zur Dienstleistung für einen anderen verpflichtet, so entsteht ein Dienstvertrag; wenn jemand die Herstellung eines Werkes gegen Entgelt übernimmt, ein Werkvertrag.
 (2) Insoweit damit eine Geschäftsbesorgung (§ 1002) verbunden ist, müssen auch die Vorschriften über den Bevollmächtigungsvertrag beobachtet werden.

(CH)[3] Nach OR 394: Durch die Annahme eines Auftrages verpflichtet sich der Beauftragte, die ihm übertragenen Geschäfte oder Dienste vertragsgemäss zu besorgen. Verträge über Arbeitsleistung, die keiner besonderen Vertragsart dieses Gesetzes unterstellt sind, stehen unter den Vorschriften über den Auftrag. Eine Vergütung ist zu leisten, wenn sie verabredet oder üblich ist.

3.1.3
Der Werkvertrag

Ihr Kunde wünscht die Ablösung seiner alten Buchhaltungslösung, die an eine Lagerbewirtschaftung mit automatischer Ein- und Ausbuchung der Artikel angebunden ist. Die neue Lösung erfordert nicht nur neue Software, sondern auch neue Hardware und Schnittstellen sowie entsprechende Ausbildung der Mitarbeiter.

Während der Auftragsphase wird in Zusammenarbeit mit dem Kunden die Spezifikation (Anforderung) konkretisiert, was, wie und bis wann hergestellt und geliefert werden muss. Diese Erarbeitung kann in einem Auftragsverhältnis erfolgen.
 Die Herstellung der Software und Bereitstellung der Infrastruktur läuft dann unter einem Werkvertrag. Ein Werkvertrag wird immer dann erstellt, wenn ein klar definiertes Resultat zu Händen des Bestellers geliefert werden soll.
 Speziell am Werkvertrag ist die Abnahme[4] sowie Haftung des Unternehmers bezüglich allfälliger Mängel (auch nach der Abnahme).

---

[1] http://bundesrecht.juris.de/bundesrecht/bgb/
[2] http://www.ris.bka.gv.at/bundesrecht/
[3] http://www.admin.ch/ch/d/sr/220/index2.html
[4] Siehe Kapitel „Abnahme"

Die gesetzliche Regelung von Vergütung und Abnahme ist landesabhängig.

Sie fertigen für einen Besteller (Kunden) ein Werk, das folgende Lieferungen beinhaltet:

- Software zum Zuschneiden von Aluminiumprofilen mit Minimierung von Abfallstücken und Restverwertung
- Anschluss an die Lagersoftware
- Lieferung der CNC-Maschinen
- Schnittstelle zu den CNC-Maschinen.
- Ausbildung der Mitarbeiter

Die Software sollte vom Besteller vor der Inbetriebsetzung abgenommen werden. Der Kunde ist durch seine Auftragssituation an der Grenze seiner personellen und maschinellen Kapazität angelangt. Die Abnahme des Werks wird den Besteller zusätzlich belasten. Bei genauer Betrachtung muss davon ausgegangen werden, dass der Kunde keine Kapazität für die Tests und Abnahmen zur Verfügung stellen kann.

Einem Besteller Vertragsklauseln unterzujubeln, die für diesen unmöglich zu erfüllen sind oder ihn zeitlich unter Druck setzen, führen selten zum Erfolg. Vorsicht ist angebracht bei unrealistischen Abnahmefristen und bei Klauseln wie zum Beispiel: „Bei nicht erfolgter Abnahme gilt das Werk als abgenommen." Binden Sie als Projektleiter die Abnahme als festen Bestandteil in die Projektplanung ein, dies erspart Ärger und entspricht einem professionellen Vorgehen. Siehe Kapitel Projektablauf Seite 3.

Die Mitarbeit des Bestellers, unter Anderem sind das Tests und Abnahme, muss im Werkvertrag unter „Mitwirkungspflichten des Kunden" aufgeführt sein. Ist wie in der beschriebenen Situation damit zu rechnen, dass der Besteller unter Personalmangel leidet, ist die wahrscheinliche Belastung des Bestellers in Personenmonaten (PM) mitzuplanen, damit dieser sich entsprechend organisieren kann. Dies kann eventuell durch die Anstellung von temporären Arbeitskräften während der Testphase und der Abnahme erfolgen.

Zudem können Abnahmen gestaffelt, als so genannte Teilabnahmen, während des Projekts durchgeführt werden. Die Schlussabnahme kann im Idealfall so zu einer reinen Formsache reduziert werden.

Werkverträge werden oft als Fixpreisverträge abgeschlossen. Aus unserer Sicht ist dieses Vorgehen für alle Beteiligten aus folgenden Gründen wenig vorteilhaft:

1. Bei massgeschneiderten Lösungen sind zur Zeit des Vertragsabschlusses oft nicht alle Parameter zu einem Projekt bekannt.

2. Der Unternehmer muss ein sehr aufwändiges und teures Schätzverfahren durchführen und zudem mit Checklisten die Risikozuschläge (Preis/Aufwand) ermitteln. Diese Zuschläge können je nach Situation bis zu 30% auf den Schätzpreis betragen. Verkaufsverantwortliche der grossen IT-Unternehmen müssen Rabatte auf Offerten von ihrer Niederlassung oder dem Stammhaus genehmigen lassen.

3. Bei professionellen Schätzungen bezahlt der Kunde einen höheren Preis, als wenn nach tatsächlichem Aufwand verrechnet wird.

4. Da der Unternehmer bei Fixpreisen dem Besteller die Projektkalkulation nicht offen legen muss, kann es auf Seite des Kunden zu Gerüchten, Unsicherheiten und Vermutungen führen.

Wir empfehlen eine professionelle Schätzung, welche die gegebenen Lieferumfang ein Kostendach erzeugt. Das Eskalationsvorgehen bei drohender Kostenüberschreitung kann vertraglich definiert werden. Die Verrechnung der Lieferung erfolgt periodisch nach Aufwand. Die oben genannten Nachteile lassen sich somit aus der Welt schaffen. Die Bedingung für dieses Vorgehen ist die gesunde Vertrauensbasis vom Unternehmer zum Lieferanten.

Um die Lieferung bei einem Kunden fristgerecht herstellen zu können, benötigen Sie die Mitarbeit von Unterlieferanten. Der Werkvertrag enthält einen Fixpreis mit Zahlungsplan. Dieser ist auf vier Meilensteine im Projekt abgestimmt.

Binden Sie Ihre Unterlieferanten in die gleiche Vertragsart, wie Sie selbst unterzeichnet haben. Unterlieferanten, die zur Unterstützung im Projekt eingebunden würden, müssten im Auftragsverhältnis arbeiten. Bei einer Nachbesserung, verursacht durch den Unterlieferanten, kann dieser weiter seine Stunden an Sie verrechnen, während Sie an den Festpreis gebunden sind.

Dem Unterlieferanten sind also definierte Arbeitspakete zu übertragen, die dieser auch im Werkvertragsverhältnis mit Fixpreis herstellen kann. Sie entschärfen somit Ihr finanzielles Risiko beträchtlich.

Als Alternative können Sie externe Mitarbeiter einstellen, diese müssen aber in den gleichen Büros wie Ihre Mitarbeiter mitarbeiten.

Gesetzestexte

(D) Nach BGB 631: Durch den Werkvertrag wird der Unternehmer zur Herstellung des versprochenen Werkes, der Besteller zur Entrichtung der vereinbarten Vergütung verpflichtet. (2) Gegenstand des Werkvertrags kann sowohl die Herstellung oder Veränderung einer Sache als auch ein anderer durch Arbeit oder Dienstleistung herbeizuführender Erfolg sein.

(A) § 1151. (1) Wenn jemand sich auf eine gewisse Zeit zur Dienstleistung für einen anderen verpflichtet, so entsteht ein Dienstvertrag; wenn jemand die Herstellung eines Werkes gegen Entgelt übernimmt, ein Werkvertrag.
 (2) Insoweit damit eine Geschäftsbesorgung (§ 1002) verbunden ist, müssen auch die Vorschriften über den Bevollmächtigungsvertrag beobachtet werden.

(CH) Nach OR 363: Durch den Werkvertrag verpflichtet sich der Unternehmer zur Herstellung eines Werkes und der Besteller zur Leistung einer Vergütung.

3.1.4
Nützlich zu wissen

Wir verzichten hier bewusst auf die Beschreibung von möglichen Situationen.

Geheimhaltung

Als Anhang zu einem Auftrag / Werkvertrag gehört eine Geheimhaltungsverpflichtung (non disclosure agreement) und eine Regelung bezüglich der Weitergabe des Auftrags an einen Unterlieferanten oder Unterbeauftragten.

Scheinselbstständigkeit

Arbeitet man als Selbstständigerwerbender nur für einen einzelnen Auftraggeber, so kann das Arbeitsvertragsrecht wirksam werden. Die Scheinselbstständigkeit ist in den deutschsprachigen Ländern gesetzlich geregelt. Hier hat man als Auftraggeber entsprechend Sorgfalt beim Abschliessen eines Vertrags zu tragen. Je nach Land ist das Prüfverfahren unterschiedlich. Ansonsten sind von Gesetzes wegen vom Unternehmer zusätzliche Kosten, wie z.B. Pensionskassengelder oder sogar Bussen zu finanzieren.

Gewährleistung auf Aufträgen

Werden in einem Auftrag neben der Arbeitsleistung auch Hardwarelieferungen, welche direkt mit dem Auftrag in Zusammenhang stehen, vereinbart, so entsteht aus dem Auftrag rechtlich ein Werkvertrag, was wiederum Gewährleistungsansprüche nach sich ziehen kann (gemäss Bundesgerichtsentscheid in der Schweiz).

Nach österreichischem Gesetz: „Tritt der Mangel der Sache / der Leistung innerhalb von 6 Monaten ab Lieferung / Leistungserbringung auf, so wird vermutet, dass er bereits bei Übergabe vorhanden war. Der Unternehmer muss in diesem Fall beweisen, dass der Mangel bei Übergabe nicht vorhanden war."[5]

Dauer der Gewährleistung

Das Eigentum der Ergebnisse und die Möglichkeit, diese firmenintern wie -extern mehr oder weniger frei benutzen zu dürfen, sollte ebenfalls im Werkvertrag vereinbart werden. Ein Besteller kann auf Vertragsklauseln bestehen, wonach er bei Abtretung der Eigentumsrechte eine Umsatzbeteiligung an weiteren Verkäufen der für ihn erstellten Software erhält.

Lizenzen und Eigentumsrechte

Ausbildungsleistungen im Rahmen eines Werkvertrags sind übrigens in der Schweiz MwSt pflichtig, und zwar zu dem Satz, der für die Gesamtlieferung angewendet wird.

MwSt

Fallen für ein Projekt hohe Spesen an, so lohnt sich eine kleine Projektadministration, um den Vorsteuerabzug bei den Behörden einfordern zu können (siehe hierzu das Kapitel 3.5.5 „Project Office").

3.1.5
Der firmeninterne Vertrag

Firmeninterne Verträge sind bezüglich Form und Inhalt frei gestaltbar. Schriftliche Vereinbarungen sind meistens von Vorteil.

Sie befinden sich mit Ihrem Projekt in der Testphase. Vor der Geschäftsleitung und gegenüber der Fachabteilung haben Sie sich zu einem Kostendach und zu einem grob definierten Lieferumfang verpflichten lassen. Der Lieferumfang war aus der Anfangssicht genügend dokumentiert, und Sie haben diese Spezifikation abnehmen und unterschreiben lassen. Während der Tests wird die Fachabteilung fehlender Funktionen gewahr, die für die Abwicklung des Geschäfts unabdingbar sind.

a)

Eine Hilfe wird hier der mit der Fachabteilung vereinbarte Lieferumfang sein. Je allgemeiner der Lieferumfang beschrieben wurde, desto schwieriger wird die Änderung[6] abzuschätzen sein.

a)

---

[5] Das neue Gewährleistungsgesetz ab 1.1.2002
[6] Siehe Kapitel 3.12 „ChangeManagement in Projekten" Seite 165

Oft ist zu Beginn eines Projekts die Definition des detaillierten Lieferumfangs nicht möglich oder Verschwendung von Zeit und Ressourcen.

In der beschriebenen Situation bleibt nur die Option übrig, dass der genaue Lieferumfang zu einem späteren Zeitpunkt als Teil des internen Vertrags definiert wird. Der Termin hierfür sollte nicht später als einen Monat nach Entdeckung der fehlenden Funktionalität angesetzt werden. In dieser Zeit hat der Auftraggeber mit Unterstützung des Auftragnehmers die Lieferung klarer zu umschreiben.

Zudem muss vor der Umsetzung weiterer Ergänzungen und / oder Änderungen der Softwareumfang nachdokumentiert werden. Basierend auf dieser Nachdokumentation kann das Änderungsverfahren aufsetzen.

In Ihrer Firma erstellen Sie zu Händen der Fachabteilung Lösungen. Ihre Herausforderung ist die oft unklare Abgrenzung der projektbegleitenden administrativen Aufgaben zwischen Ihnen als Auftragnehmer und Ihrem Auftraggeber.

Die administrativen Tätigkeiten sind den Auftraggebern der Fachabteilung oft unbekannt oder diese scheuen den Aufwand. In der Folge übernehmen Sie diese Aufgaben oft auch noch, obschon aus Ihrer Sicht diese durch den Auftraggeber zu erfolgen haben.

Definieren Sie eine Standardzusammenarbeitsvereinbarung. In der alle administrativen Leistungen unter den internen Vertragsparteien aufgeteilt werden.

Hier wird ebenfalls festgehalten, in welcher Form Sie die Vorgaben zu der zu entwickelnden Software haben wollen. Diese Lösung eignet sich für alle Arten von Projekten, egal ob GUIs und Druckprogramme, Batchprogramme oder Hardware zu liefern sind.

Eine solche Vereinbarung kann zudem die Regelung des „Software-Freezes" beinhalten, sowie die internen Verrechnungsmodalitäten, sofern existent.

3.1.6
Service Level Agreement

Diese Art von Vertrag ist angezeigt ab dem Übergang vom Projekt- zum Betriebsmodus der hergestellten Software oder Infrastruktur.

Spätestens, wenn die erstellte Lösung in Betrieb geht, wird für die Benutzer des Systems eine unterstützende Organisation bereitstehen müssen. Im SLA sind die Präsenzzeiten der unterstützenden Organisationen geregelt (first, second und third level Support).

Der Missbrauch der Projektteams als Support-Organisation führt dazu, dass zu wenig Ressourcen für die Fehlerbehebung und allfällige Weiterentwicklung zur Verfügung stehen. Zudem sind Projektmitarbeiter oft nicht für Betriebsaufgaben geeignet. Mangelnde Motivation, Wechsel in andere Bereiche der Unternehmung oder gar Kündigung können die Folge sein.

Das Projektteam kann nur third level Support sein. Zu empfehlen ist, dass im Unternehmen eine Organisation als Benutzersupport zur Verfügung steht (first level Support). Der second level Support sollte die Hardware betreibende Stelle sein. In der Regel sind – bei stabiler Software – eher Hard- oder Middleware Ursache von Ausfällen.

Erst wenn kein Anwenderfehler oder keine instabile Laufzeitumgebung vorliegt, ist das Problem an das Entwicklungsteam weiterzuleiten.

Das Ticketing-System dient der systematischen Erfassung der auftretenden Symptome der Mängel. Damit die häufigsten Ursachen und die Dringlichkeit des Mangels eruiert werden kann, sollten folgende Punkte durch das Werkzeug geführt werden:

- Daten: Betroffener Benutzer
- Daten: Komponente, an welcher das Symptom auftritt
- Daten: Komponente, welche den Mangel verursacht hat
- Daten: Fehlerbeschreibung
- Daten: Letzter Ticketbearbeiter
- Daten: Fehlertyp (z.B.: Anwenderfehler[7], Absturz, Konfigurationsfehler, Installationsfehler, HW-Ausfall, etc.)
- Eigenschaften: Fehlerbehebungslog
- Eigenschaften: Eskalationsautomatismus
- Eigenschaften: E-Mailnotifier
- Eigenschaften: Statistikmodul (häufige Benutzerfehler, häufige verursachende Komponente)

Sollte kein „Ticketing"-System vorhanden sein, dann bestehen Sie als Projektleiter auf dessen Einführung. Unter dem Motto: **No ticket, no problem!** Ansonsten ist kein Aufbau eines effizienten Support-Centers möglich.

---

[7] Hat eine Komponente überdurchschnittlich viele Anwenderfehler, so sind nicht zwingendermassen die Anwender die Ursache, sondern die Komponente muss bezüglich Benutzerfreundlichkeit (usability) untersucht werden.

3.1.7
Wartung

Der Wartungsvertrag gehört nicht eigentlich zum Projekt. Und doch ist seine Wichtigkeit besonders bei firmeninternen Projekten nicht zu unterschätzen.

Sie erhalten den Auftrag, eine Lösung zur Bearbeitung eines Geschäftsfalls zu erstellen. Das Projekt ist relativ klein (< 3PM[8]) und entsprechend unkompliziert, das heisst mit wenig Administration, will der Kunde das Unterfangen über die Bühne bringen.

3.1.7.1
Projekt in der gleichen Firma („inhouse")

Halten Sie alle Vereinbarungen schriftlich fest.

- Sie können die Notizen per Mail nach den Meetings versenden, und eine Bestätigung der Korrektheit verlangen.

- Ähnlich einfach wird es wenn die Notizen direkt auf einer Druckfolie auf einem Overheadprojektor notiert werden und anschliessend eine Kopie davon versendet wird.

Bestehen Sie gleich bei der Vorbereitung des Startmeetings oder an dieser Sitzung selbst (Kick-off Meeting) auf der Regelung der Wartung. Kann diese nicht abschliessend festgelegt werden, so erhält eine Person auf der Auftraggeberseite die Verantwortung, dies zu definieren. Bei Unterlassung werden Sie nach Abschluss des Kleinprojekts die Wartung zu übernehmen haben, zudem ohne vorhandenes Budget. Wird aus den Verhandlungen klar, dass Sie die Wartung übernehmen müssen, so stellen Sie sicher, dass der oder die Entwickler auch Interesse an einer Wartungstätigkeit haben[9]. Ansonsten müsste eine für die Wartung geeignete Person eingearbeitet werden.

3.1.7.2
Projekt für eine Fremdfirma

Hier bestimmt die Reife des Kunden bezüglich IT-Projekten das Vorgehen. Typischerweise werden eher KMUs Kleinprojekte an Softwarehersteller delegieren. Man kann daher davon ausgehen, dass solche Auftraggeber über keine Wartungsorganisation verfügen und daher auf die Pflege der Software durch den Auftragnehmer angewiesen sind.

---

[8] Aufwand in Einheit [Personenmonaten]
[9] Siehe 3.5 „Verantwortung, Rechte & Kompetenz" Seite 52

Bezüglich der Offenheit gegenüber seinem Vertragspartner existieren verschiedene Philosophien. Wir empfehlen hier Offenheit und Ehrlichkeit, so dass dem Auftraggeber die Aufwände und Kosten nach der produktiven Einführung klar dargelegt werden. Auch wenn der Auftrag verhältnismässig klein ist, empfiehlt es sich, einen professionellen Wartungsvertrag zu formulieren. Für Lieferungen aus Kleinprojekten sollte ein Standard verwendet werden, der mindestens folgende Punkte enthält:

- Servicezeiten
- Reaktionszeiten bezogen auf die Schwere des Problems
- Hotline & Adressen
- Dauer des Vertrags
- Schadenersatzansprüche (Unterschiede in D/A/CH!)
- Gewährleistung auf Serviceleistungen (Unterschiede in D/A/CH!)
- Bonus / Malus für den Unternehmer
- Preismodell und Lieferumfang
- Verbuchung der Reisezeiten (Reisezeit = Arbeitszeit?)
- Spesenregelung

3.2
Aufwandschätzung

3.2.1
Schätzverfahren

Sie haben den Auftrag erhalten, den Projektaufwand zu schätzen und für die Projektplanung zusammenzustellen. Die Projektziele, die Anforderungen sowie die Wunschtermine der Einführung sind bekannt. Sie wissen jedoch noch nicht, mit welcher Technologie das Projekt umgesetzt werden soll ob es mittels Eigenentwicklung oder mittels Integration und Anpassung (Customizing) einer Standardsoftware realisiert werden soll.

In diesem Fall ist es zwingend nötig, vor der Realisierung des Projekts eine Vorstudienphase einzuschalten. Innerhalb dieser wird ermittelt, welche Technologie sich eignet, ob die Software als Standardsoftware erhältlich ist oder ob die Funktionen selber entwickelt werden. Weitere Abklärungen können innerhalb der Vorstudie getroffen werden. Diese kann auch zum Bau eines Prototyps, der die Machbarkeit beweisen soll, genutzt werden.

Die Aufwandschätzung ist lediglich über die Dauer der geplanten Vorstudie zu erstellen.

Die Ergebnisse der Vorstudie werden dem Auftraggeber zur Verfügung gestellt. Die Vorstudie beschreibt und untersucht verschiedene Varianten der Problemlösung. Diese Varianten werden einander mittels Nutzwertanalyse gegenübergestellt. Auf Grund der Ergebnisse der Nutzwertanalyse wird eine der beschriebenen Lösungen bevorzugt. Zu jeder Variante wird eine Aufwandschätzung für die Realisierung erstellt. Diese wird für die weitere Projektplanung verwendet.

Dem Auftraggeber wird die bevorzugte Lösung zur Freigabe vorgeschlagen. Der Vorschlag ist managementtauglich zu begründen.

Wann immer möglich soll in einem ersten Schritt nur die erste Phase des Projekts beantragt, die definitive Planung innerhalb dieses ersten Schritts erstellt und dem Auftraggeber zusammen mit dem Bericht der ersten Phase vorgelegt werden.

Sie schätzen zusammen mit den Projektmitarbeitern die Aufwände zur Realisierung eines Projekts. Ob es sich um eine Eigenentwicklung, Durchführung einer Evaluation und Integration eines Systems oder Einführung einer neuen Infrastruktur handelt, ist in diesem Zusammenhang nicht relevant.

Der grösste Teil der Projektmitarbeiter schätzt den Aufwand, der geleistet werden muss, immer zu gering ein. Dies hat verschiedene Gründe: Einerseits wollen sich die Mitarbeiter nicht eingestehen, wie lange sie wirklich brauchen, sie unterschätzen Risiken und Probleme sowie den Aufwand zur Erlernung einer neuen Technologie. Es kommt auch vor, dass sie die Reife einer Technologie, die Leistungen eines externen Partners oder einer eingekauften Software überschätzen.

Erfahrungen zeigen, dass die Schätzungen der Mitarbeiter ernst zu nehmen sind, jedoch die geschätzten Aufwände der Spezialisten mit dem Faktor 1,5 zu multiplizieren sind.

Dieser Ansatz mag im ersten Augenblick recht pragmatisch erscheinen, unsere Erfahrung bestätigt jedoch diese Grösse.

Hier gilt es, die Erfahrung und die Reife der Mitarbeiter richtig einzuschätzen und die Höhe des Faktors entsprechend zu setzen.

Dieser Ansatz gilt unabhängig davon, welche Schätzmethode Sie anwenden. Es empfiehlt sich jedoch, möglichst auf Erfahrungswerte zurückzugreifen. Wenn möglich auf eigene Erfahrungen. Komplexere Schätzmethoden sollen nur angewendet werden, wenn keine

Erfahrungen vorliegen. Dazu kommt, dass alle bekannten Schätzmethoden zuerst geeicht werden müssen. Dies ist durch die Nachkalku-
lation mehrerer Projekte, die anfänglich mit der entsprechenden
Methode geplant wurden, möglich. Sie sehen, auch bei der Anwendung von Schätzmethoden kann eine genügende Genauigkeit lediglich durch Erfahrung im Einsatz der Methode erreicht werden.

Projektmitarbeiter überschätzen sich und die Technologien, mit denen sie arbeiten. Multiplizieren Sie die Aufwandschätzung der Projektmitarbeiter mindestens mit dem Faktor 1,5. Berücksichtigen Sie
dabei die Erfahrung und die Reife der entsprechenden Mitarbeiter.

Wenden Sie, wenn immer möglich, ein Schätzverfahren an, das
auf der Berücksichtigung der Erfahrungen, am besten der eigenen,
basiert.

3.2.2
Projektdauer

Wir gehen davon aus, dass Sie die Dauer eines Projekts mit einer
Matrixprojektorganisation berechnen. Wie bei der Aufwandschätzung neigen die Projektmitarbeiter auch hier dazu, die Störfaktoren
anderer Projekte oder des Betriebs weitgehend zu vernachlässigen.
Die Störfaktoren sind jedoch so gross, dass die geplanten Projekt-
leistungen durch die Projektmitarbeiter nicht zum gewünschten
Zeitpunkt und nicht im geplanten Zeitraum erbracht werden können.
Dies führt unweigerlich zu Terminverzug. Sind Sie nicht Linienvorgesetzter der entsprechenden Mitarbeiter, können Sie die Leistung
einfordern, was aber in den meisten Fällen nicht zum Erfolg führt,
da die Aufrechterhaltung des Tagesgeschäfts kurzfristig gesehen
wichtiger ist als die Umsetzung des Projekts. Die Einforderung der
Ressourcen beim Linienvorgesetzten entbindet Sie offiziell von der
Verantwortung für den Terminverzug. Dies nützt Ihnen aber nichts,
da der Projekterfolg oder Misserfolg schlussendlich so oder so auf
Sie zurückgeführt wird.

Sind Sie selber ebenfalls in einer Matrix organisiert und den entsprechenden Mitarbeitern auch in der Linie vorgesetzt, sieht es noch
schlimmer aus: Sie sind gezwungen entweder den Betrieb oder das
Projekt zu „opfern".

- Sie sollten kein Projekt mit einer Matrixprojektorganisation
  leiten, bei dem Sie auch Linienvorgesetzter der Mitarbeiter sind.
  In dieser Situation müssen Sie früher oder später entweder das
  Projekt oder das Tagesgeschäft opfern.

- Sie sollten ebenfalls kein Projekt mit Matrixprojektorganisation leiten, bei dem Ihr Vorgesetzter gleichzeitig der Vorgesetzte aller oder eines Teils der Projektmitarbeiter ist. In dieser Situation haben Sie in der Regel kein Druckmittel gegen den Linienvorgesetzten, da er gleichzeitig Ihr Chef ist.

- Bei der Berechnung der Durchlaufzeit eines Projekts mit einer Matrixorganisation gilt: zusammen mit den Projektmitarbeitern die Durchlaufzeit berechnen, diese mit dem Vorgesetzten der Mitarbeiter abstimmen und anschliessend mit einem Faktor 1,5 hochrechnen. Unsere Erfahrung zeigt, dass Sie damit sehr nahe an der Realität sind.

Sie stellen dem Auftraggeber oder dem Steuergremium die Detailzahlen der Projektplanung vor. Das Gremium zweifelt jedoch die Qualität der Zahlen an. Die Aufmerksamkeit wird auf einzelne, dem Management vertraute Projektaktivitäten gerichtet. Sie erhalten den Auftrag, die Aufwände und die Projektdauer neu zu schätzen.

In diesem Fall empfiehlt es sich, von einer Bottum-up-Planung abzusehen und die Top-down-Planung einzusetzen. Dadurch werden die Planungsdaten nicht ungenauer, sie können jedoch durch das Management weniger hinterfragt werden.

Die Top-down-Planung setzt, wie auch die Bottum-up-Planung, eine grosse Erfahrung des Projektleiters voraus. Die Top-Down Planung stützt sich auf Erfahrungswerte, gewonnen aus bereits abgeschlossenen, gleichartigen Projekten. Die Aufwände pro einzelne Phase werden, unabhängig von den einzelnen Tätigkeiten der Phase, geschätzt.

3.3
Stakeholders

Stakeholders sind Personen oder Personengruppen aus dem Projektumfeld, die in irgendeiner Beziehung zu Ihrem Projekt stehen.

3.3.1
Stakeholderrollen

Die einzelnen Stakeholder nehmen eine von vier Rollen ein:

- Promotoren sind Stakeholders, die das Projekt aktiv unterstützen, und mehrheitlich an Schlüsselpositionen im Management zu finden sind.

- Supporter sind Stakeholders, die das Projekt durch ihr fachliches Wissen unterstützen. Supporter sind nicht im Management tätig, haben aber einen grossen Einfluss auf das Management und dessen Meinungsbildung.

- Hopper sind Stakeholder, die leicht beeinflussbar sind und die die Position häufig wechseln.

- Opponenten sind Stakeholder, die sich mehr oder weniger offen gegen das Projekt ausgesprochen haben.

3.3.2
Umgang mit Stakeholdern

Nach der erfolgreichen Durchführung der Vorstudie sind Sie selber und das Projektteam überzeugt vom Erfolg des Projekts und beantragen die Freigabe der nächsten Phase beim Auftraggebergremium.

Sie wissen aus vielen Gesprächen, dass nicht alle Mitglieder des Gremiums dem Projekt positiv gegenüberstehen. Sie vertrauen jedoch auf sich und Ihre Präsentationsfähigkeiten, kümmern sich nicht um die Zweifler am Projekt und stellen den Antrag an das Gremium.

Resultat, das Projekt wurde auf Grund Ihrer Darstellungen als Erfolg versprechend beurteilt, aber die damit verbundenen technologischen Risiken als zu hoch eingeschätzt. Somit wurde der Projektstart um 6 Monate aufgeschoben. Wir alle wissen, dass damit faktisch das Projekt beerdigt ist und die Motivation der Projektmitarbeiter und vor allem des Projektleiters auf dem Tiefpunkt sind.

- Immer bevor Sie einen wichtigen Entscheid abholen, ordnen Sie die Stakeholder, die einen Einfluss auf den anstehenden Entscheid haben, gemäss den beschriebenen Rollen ein. Machen Sie eine Stakeholder-Landkarte.

- Beeinflussen Sie die Stakeholders entsprechend, bis Sie sicher sind, dass der anstehende Entscheid zu Ihren Gunsten ausfällt.

- Nutzen Sie zur Beeinflussung der Opponenten und Hopper die Supporter und Promotoren. Je höher die Stakeholder im Management angesiedelt sind, umso weniger lassen sie sich durch Sie als Projektleiter beeinflussen.

3.4
Projektorganisationsformen

Vorlage:
Word Template
Dateiname:
Projekt-
organisation.dot

Die für alles gültige Form einer Projektorganisation gibt es nicht. Als Rahmenbedingung gelten die politischen, gesetzlichen und arbeitsmarktbedingten Einschränkungen. Jede Situation kann trotzdem mit einer optimalen Lösung bedacht werden.

Die hier aufgeführten Organisationsformen sollen die gebräuchlichsten Schemas abdecken sowie deren Vor- und Nachteile aufzeigen.

3.4.1
Einfache Organisation

Ad hoc zusammengestellte Gruppe aus der gleichen Linienorganisation zum Erreichen eines Ziels oder zur Erarbeitung einer Lieferung.

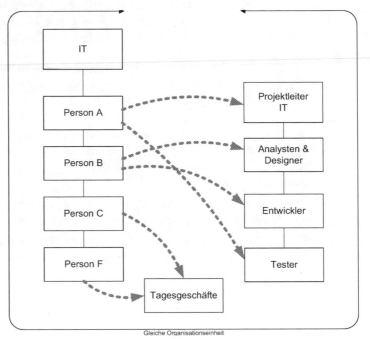

Abb. 7: Einfache Organisation

Sie haben die Aufgabe, eine Lösung für eine IT-Organisation herzustellen. Also sind Kunde und Lieferant aus der IT-Branche. Das Projekt kostet einen Aufwand von 10 Personenmonaten. Die gewünschte Lieferfrist beträgt sieben Monate.

3.4.1.1
Projekt in der gleichen Firma („inhouse")

In diesem Fall bietet sich der Einbezug des Auftraggebers in das Projekt an. Es gilt den Kunden zu überzeugen, dass er die Mitarbeiter, die die Lösung wünschen, in das Projekt mit einbezieht. Auch empfiehlt es sich, dem Auftraggeber vorzuschlagen, diese Mitarbeiter mit einer Weiterbildung die benötigte Programmiersprache vertiefen zu lassen, damit sie im Herstellungsprozess mithelfen können. Dieses Vorgehen ist ideal in Projekten < 10 PM Aufwand, das heisst, 2-3 Mitarbeiter sind 4-5 Monate am Projekt beschäftigt. Ein Projekt dieser Art lastet den Projektleiter nicht zu 100% aus. Er kann sich daneben um ein zusätzliches (höchstens drei) ähnliche(s) Projekt(e) kümmern, oder aber er betätigt sich als Entwickler / Tester / etc.

Benötigte Rollen:

- Auftraggeber
- Projektleiter
- Analyst
- Programmierer

3.4.1.2
Projekt für eine Fremdfirma

Bei einem Auftraggeber mit hoher Kooperationswilligkeit kann ein Mitarbeiter des Kunden direkt in das Projekt eingebunden werden. Dies hat natürlich den Nachteil, dass die eigene Verrechenbarkeit sinkt, dafür entsteht mehr Nähe zum Kunden. Das Einbinden von Kundenmitarbeitern ist nur für einen Auftrag geeignet. Bei einem Werkvertrag ist die nächste Organisationsform „Parallel-Organisation" vorzuziehen.

Benötigte Rollen:

- Auftraggeber
- Projektleiter
- Analyst
- Programmierer

3.4.2
Parallel-Organisation

Sowohl Besteller wie Unternehmer bauen parallel eine Projektorganisation auf. Die Kommunikation verläuft auf gleicher Stufe. Auch der Auftraggeber verpflichtet einen Projektleiter, die die Aufgaben auf der Auftraggeber-/Bestellerseite koordiniert und den Fortschritt der Tätigkeiten überwacht

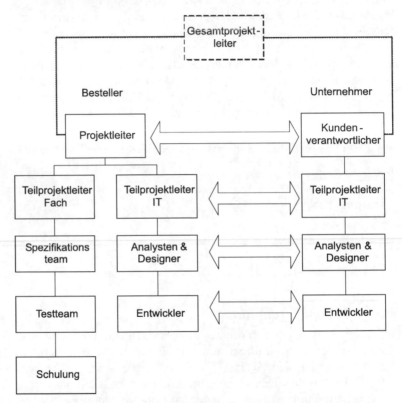

Abb. 8: Parallel-Organisation

Sie erhalten den Auftrag, ein Projekt grösser 10 PM durchzuführen. Ihr Auftraggeber besitzt bereits Erfahrung in der Durchführung von IT-Projekten grösseren Ausmasses. Der Lieferumfang ist klar und das Ziel, welches der Besteller mit dem Projekt erreichen will, ist realistisch.

3.4.2.1
Projekt in der gleichen Firma („inhouse")

Bestehen Sie als IT-Projektleiter auf der Realisierung einer parallelen Organisation. Das heisst, auch der Auftraggeber verpflichtet einen Projektleiter, der die Aufgaben auf der Auftraggeberseite koordiniert und den Fortschritt der Tätigkeiten überwacht.

Sowohl Ihnen wie auch dem Projektleiter auf der Fachseite kann ein Gesamtprojektleiter oder ein Steuerungsgremium zur Koordination der Tätigkeiten beider Bereiche vorangestellt werden.

Der Nachteil des Steuerungsgremiums als alleiniges Kontrollorgan liegt darin, dass die dort sitzenden Personen ihre Aufgabe wegen Überlastung oft nicht optimal erledigen können.

Ein dedizierter Gesamtprojektleiter, der die Tätigkeiten über beide Bereiche koordiniert, kann seine Arbeit gewissenhafter als das Steuerungsgremium wahrnehmen.

Je nach Stellung, Professionalität und Erfahrung können Sie oder auch der Projektleiter der Fachseite die Gesamtprojektleitung übernehmen.

Benötigte Rollen (die Angaben in Klammern bedeuten, dass diese Rollen in Abhängigkeit zur Projektgrösse gewählt werden sollten):

* Steuerungsausschuss
* Auftraggeber
* (Gesamtprojektleiter)
* (Project Office)
* Business-Projektleiter
* IT-Projektleiter
* Analyst
* Programmierer
* Testverantwortlicher
* QS[10]-Verantwortlicher

3.4.2.2
Projekt für eine Fremdfirma

In den Vereinbarungen ist sicherzustellen, dass der Auftraggeber / Besteller die Aufgaben, die im Rahmen der Parallelorganisation anfallen, vertraglich bestätigt hat. Nachfolgend eine Liste möglicher Aufgaben:

---

[10] QS = Qualitätssicherung

- Führen des Projekts auf Kundenseite
- Erstellen der Spezifikation
- Erstellen von Testdaten
- Erstellen von Testfällen
- Durchführen der Tests und der Abnahme

Sie benötigen in jedem Fall „Mitstreiter" auf der Kundenseite. Sind Sie als Hersteller auf sich alleine gestellt, bedeutet das ein enormes Projektrisiko, was die exakte Erfüllung des Kundenwunsches betrifft.

Der Kunde muss neben dem Projektleiter sämtliche für das Projekt notwendigen Mitarbeiter zur Verfügung stellen. Es sind dies vor allem Fachpersonen, die zu jeder Zeit des Projekts die entsprechenden Vorgaben, Abnahmen und Tests durchführen können.

Scheuen Sie sich nicht, im Falle eines solch grossen Projekts ein „Project Office" zu offerieren.

Benötigte Rollen (die Angaben in Klammern bedeuten, dass diese Rollen in Abhängigkeit zur Projektgrösse gewählt werden sollten):

- Steuerungsausschuss
- Auftraggeber
- Gesamtprojektleiter
- (Project Office)
- (QS-Verantwortlicher)
- Business-Projektleiter
- IT-Projektleiter
- Analyst
- Programmierer
- Testverantwortlicher

3.4.3
Projektorganisation

Für das Projekt wird eine Linienorganisation aufgebaut, die den Anforderungen des Projekts angepasst ist.

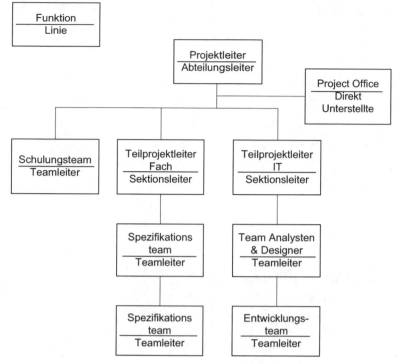

Abb. 9: Projektorganisation

Innerhalb einer Firma wird ein grösseres, ein Jahr überdauerndes Projekt mit mehr als 10 Mitarbeitern durchgeführt. Das Projekt ist Teil der Firmen- und Informatik-Strategie und entsprechend breit abgestützt. Typischerweise führen Grossfirmen solche Projekte durch, da KMUs in der Regel hierfür die finanziellen Mittel und Mitarbeiter nicht mobilisieren können.

3.4.3.1
Projekt in der gleichen Firma („inhouse")

Übersteigt ein Projekt eine kritische Grösse von mehr als 240 PM, so tritt die Projektdefinition „zeitlich beschränkt" in den Hintergrund.

Oft existieren in der eigenen Firma Hilfsmittel zur Kontrolle der Finanzen auf Kostenstellenebene, respektive die interne oder ausgelagerte Finanzabteilung ist geübt in der Kontrolle der Finanzen. Dauert das Projekt nun lange genug, so lohnt sich der Aufbau einer Linienorganisationsstruktur, die die Projektstruktur abbildet. So lassen sich die Personal- und Betriebskosten „kostenlos", das heisst mit der vorhandenen Infrastruktur, überwachen.

Benötigte Rollen:

- Steuerungsausschuss
- Auftraggeber
- Gesamtprojektleiter
- Project Office
- QS-Verantwortlicher
- Business-Projektleiter
- IT-Projektleiter
- Analyst
- Programmierer
- Testverantwortlicher

3.4.3.2
Projekt für eine Fremdfirma

Anbieter in der IT sind oft technologie- oder branchenorientiert.

- Ist der Dienstleister technologieorientiert, so werden die Spezialisten für das jeweilige Projekt aus den entsprechenden Kompetenzzentren rekrutiert.

- Ist der Dienstleister branchenorientiert, so existiert je Branche eine Abteilung in der Linienorganisation. In diesen Abteilungen sind alle Mitarbeiter für ein Projekt bereits vorhanden.

Zu empfehlen ist, dass die Marketingspezialisten, die Projektleiter und Analysten branchenorientiert und die Designer und Entwickler technologieorientiert organisiert sind.

Wenn der Kunde dem Unternehmer ein hohes Volumen an Aufträgen generiert, dann werden in seltenen Fällen für den einzelnen Kunden (Key Account) beim Unternehmer spezielle Teams aufgebaut.

Für eine Fremdfirma wird beim Dienstleister keine Projektorganisation aufgebaut.

3.4.4
Matrixorganisation

Aus der Linienorganisation werden die für das Projekt benötigten Mitarbeiter vorübergehend virtuell organisiert.

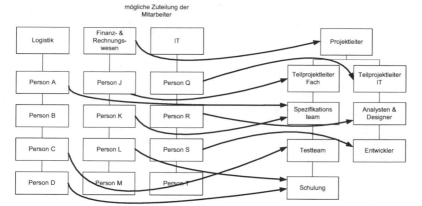

Abb. 10: Matrixorganisation

Sie haben mehrere kleinere bis mittelgrosse Projekte zu betreuen und benötigen rasch und ohne kompliziertes Verfahren Projektmitarbeiter aus den Fachabteilungen sowohl für die Spezifikation von Anforderungen als auch für die Durchführung von Tests.

3.4.4.1
Projekt in der gleichen Firma („inhouse")

Mitarbeiter lassen sich auf Grund ihres Einsatzes im operativen Tagesgeschäft oft nicht zu 100% in ein Projekt einbinden. Trotzdem ist ihr Wissen für ein Projekt im Prinzip unentbehrlich. Den Kompromiss bildet der Aufbau einer Matrixorganisation, in welcher die Mitarbeiter sowohl an den Projektleiter wie auch an den Linienvorgesetzten berichten. Sofern die zur Verfügung stehende Zeit mit der Linie abgesprochen wird und explizit das „Verfalldatum" nicht bezogener Personentage definiert wird, lässt es sich einfacher „zwei Herren dienen".

Unrealistisch ist die Regelung, wonach durch das Projekt nicht bezogene Stunden eines Mitarbeiters nachbezogen werden können. Die in Projekten auftretenden Verzögerungen können verursachen, dass reservierte Kapazität von Mitarbeitern nicht abgerufen werden kann. Mit der Linie sind diese Ereignisse bereits vorher zu besprechen und entsprechend zu organisieren. Gibt es Probleme im Kapazitätsmanagement, können Konflikte durch rechtzeitige Information vermieden werden.

Prüfen Sie, ob die Projektpläne nicht mit Ereignissen der Linie kollidieren. Nicht zu vergessen sind wichtige fix geplante Wartungsfenster der Hardware etc.

Benötigte Rollen (Die Angaben in Klammern bedeuten, dass diese Rollen durch eine Person übernommen, die für mehrere Projekte tätig sein kann):

- Steuerungsausschuss
- Auftraggeber
- Gesamtprojektleiter
- (Project Office)
- (QS-Verantwortlicher)
- Business-Projektleiter
- (IT-Projektleiter)
- Analyst
- Programmierer
- (Testverantwortlicher)

3.4.4.2
Projekt für eine Fremdfirma

Das Projekt wird von einer Matrixorganisation betreut.

Ist die Firma fachtechnisch organisiert, so wird aus der Linie der Projektleiter der Projektspezialist und aus der Linie der Programmierer der für die Systemumgebung erforderliche Mitarbeiter rekrutiert. Ist die Firma branchenspezifisch aufgebaut, was seltener der Fall ist, so die Matrixorganisation eher selten erforderlich.

Benötigte Rollen (die Angaben in Klammern bedeuten, dass diese Rollen durch eine Person übernommen, die für mehrere Projekte tätig sein kann).

- Steuerungsausschuss
- Auftraggeber
- Gesamtprojektleiter
- (Project Office)
- (QS-Verantwortlicher)
- Business-Projektleiter
- (IT-Projektleiter)
- Analyst
- Programmierer
- (Testverantwortlicher)

Einzelne Rollen lassen sich über diverse Kleinprojekte verteilen, dies gilt speziell für das Project Office.

3.4.5
Prüflisten zur Organisation

3.4.5.1
Generelle Checkfragen

Diese Checkfragen können unabhängig von der gewählten Organisationsform verwendet werden. Die Fragen sollten prinzipiell alle mit einem Ja beantwortet werden können.

Themenfeld
Haben alle Personen Zugang du den für sie wichtigen Informationen (Holschuld)?
Sind die Informationsflüsse zu allen „Mitspielern" definiert?
Haben die Mitglieder des Steuerungsausschusses Entscheidungskompetenz?
Hat der Projektleiter alle für das Projekt notwendigen Spezialisten zur geplanten Zeit zur Verfügung?
Sind alle Aufgaben, Verantwortungen und Kompetenzen an die Projektmitarbeiter kommuniziert worden?
Sind allen Projektmitarbeitern das Ziel, die Lieferverpflichtungen und die Termine mitgeteilt worden?
Kennt der Kunde seine Mitwirkungspflichten (Rollen) in der Projektorganisation (z.B. Eigenleistungen)?
Können mit der Organisation die allfälligen Risiken abgefedert werden, und kann auf Situationen im Projekt rasch und unkompliziert reagiert werden?
Passt die Organisation auf die Firmenkultur des Auftraggebers / Bestellers?
Passt die Organisation auf die Firmenkultur des Auftragnehmers / Unternehmers?

Tab. 2: Checkfragen Organisation

3.4.5.2
Organisation wählen

Die folgende Tabelle soll die Auswahl einer geeigneten Organisation zu gegebenen Parametern unterstützen.

Kann eine untenstehende Frage mit „Ja" beantwortet werden, darf die Zahl in der Spalte addiert werden.

Die höchste Punktzahl ergibt die ideale Organisationsform.

Frage	Einfach	Parallel	Projekt	Matrix
Das Projekt dauert länger als 1 Jahr		2	2	
Der geplante Aufwand ist grösser als 12 PM		2	2	2
Sie erstellen ein Projekt in der eigenen Firma mit einem Aufwand grösser 14 PM			1	2
Sie erstellen ein Projekt für eine Fremdfirma kleiner 14 PM				2
Sie erstellen ein Projekt in der eigenen Firma kleiner 14 PM	2			1
Sie erstellen ein Projekt >14 PM für einen Kunden ausserhalb der eigenen Firma		2		
Die Kundenmitarbeiter haben bereits in IT-Projekten mitgearbeitet		2		
Die Kundenmitarbeiter haben bereits in Analysephasen eines Projekts mitgearbeitet		2		
Die Kundenmitarbeiter haben bereits IT-Lösungen abgenommen		1		
Sie führen ein Projekt für einen externen Kunden durch , der bis heute noch kein IT-Projekt durchgeführt hat.		1	1	2
Das Projekt wird in verschiedenen Niederlassungen der beteiligten Firmen oder Firma geführt (gleiche Zeitzone)		2		

Tab. 3: Auswahl Organisation

3.5
Verantwortung, Rechte & Kompetenz

Dieses Kapitel enthält Informationen zu den möglichen Stellenprofilen in den Projekten. Zusätzlich werden Aufgaben und Kompetenzen beschrieben. Die Umstände und Projektgrösse bestimmen, welche Funktionen notwendig sind.

Die diversen Rollen müssen nicht zwingend von einem einzelnen Mitarbeiter eines Projekts wahrgenommen werden, sondern können besonders in kleineren Projekten in Personalunion ausgeübt werden.

Wir verzichten in diesem Kapitel auf die Verwendung von Situationsbeschreibungen.

3.5.1
Der Auftraggeber

3.5.1.1
Verantwortung

- Ist verantwortlich für den korrekten Auftrag an den Auftragnehmer / Lieferanten
- Stellt sicher, dass seine Mitarbeiter die für den Projekterfolg notwendigen Aufgaben erfüllen
- Führt den Projektausschuss, Steering-Board oder Steering-Commitee des Projekts
- Stellt die notwendigen Rahmenbedingungen seitens Auftraggeber sicher (Finanzierung, Infrastruktur, Personal)
- Ernennt den Projektleiter und je nach Kompetenz des Projektleiters auch den Lieferanten / Auftragnehmer
- Informiert den Projektleiter des Auftragnehmers über sich verändernde Rahmenbedingungen für das Projekt

3.5.1.2
Rechte und Kompetenzen

- Kann jederzeit unter Berücksichtigung der vertraglichen Verpflichtungen das Projekt auflösen
- Bewilligt oder verwirft projektbezogene Änderungsanträge des Auftragnehmers wie auch seiner eigenen Projektmitarbeiter, sofern dies nicht an den Steuerungsausschuss delegiert ist
- Nominiert Projektmitarbeiter auf der Seite des Auftraggebers
- Nominiert den Steuerungsausschuss und dessen Zusammensetzung

3.5.2
Der Steuerungsausschuss

3.5.2.1
Verantwortung

- Ist für alle Entscheide zum Projekt verantwortlich (Termine / Lieferumfang / Änderungen)

- Hält die Geschäftsleitung des Auftraggebers / Bestellers bezüglich des Projekts auf dem Laufenden
- Ist jederzeit über den Stand des Projekts informiert (erreichte und nicht erreichte Ziele / Risiken und Probleme)
- Definiert Sitzungstypen und Sitzungsrhythmus

3.5.2.2
Rechte und Kompetenzen

Steuerungs-
ausschuss

- Bewilligt oder verwirft projektbezogene Änderungsanträge des Auftragnehmers / Bestellers wie auch seiner eigenen Projektmitarbeiter
- Definiert die Art und Weise des Reportings aus dem Projekt
- Empfiehlt zu Händen des Auftraggebers die Projektauflösung (Abschluss / Unterbruch / Abbruch)

3.5.3
Der Fachausschuss

3.5.3.1
Verantwortung

Fachausschuss

- Ist verantwortlich für die lückenlose Beschreibung der Abläufe/ Funktionen
- Ist verantwortlich für die fachlich korrekt funktionierende Lösung
- Ist verantwortlich für die Erstellung der Testdaten (er muss diese nicht selbst herstellen)

3.5.3.2
Rechte und Kompetenzen

- Definiert den Inhalt der Lieferung
- Ernennt den Testverantwortlichen auf der Fachseite
- Ernennt die für die Testdatenbeschaffung verantwortlichen Personen
- Ernennt die für die Beschreibung der fachlichen Details verantwortlichen Personen (Fachvorgabe)
- Beschreibt die Abläufe, welche Schritte manuell bearbeitet und welche Schritte technisch unterstützt werden sollen
- Gibt vor, welchen Inhalt Bildschirmmasken und Drucklayouts haben müssen
- Definiert Sitzungstypen und Sitzungsrhythmus

3.5.3.3
Stellenbeschreibung

Für das Mitglied eines Fachausschusses sollten folgende Punkte in einer Stellenbeschreibung aufgeführt sein respektive im Curriculum Vitae eines Bewerbers vorkommen.

Rubrik	Beispiele
Team	Rolle, welche die Person im Rahmen der operationellen fachlichen Tätigkeit einnimmt. Ausserdem: Kann seine Meinung auch in einem widersprüchlichen Umfeld durchsetzen. Ist kommunikativ versiert (sich verständlich machen, gut zuhören).
Erfahrung	Hat mehrere Jahre Erfahrung im fachlichen Bereich. Kennt bereits bestehende IT-Hilfsmittel, die für diesen Bereich eingesetzt werden oder wurden. Kann IT-bezogene Notationen und Sprache verstehen. Hat bereits in mehreren Projekten zur Einführung und/ oder Erneuerung von IT-Systemen als Fachberater mitgewirkt. Ist in der Lage, Auswirkungen von Änderungen auf ein IT-Projekt abzuschätzen.[11]
Einsatz-bereich	Als Mitglied eines Fachausschusses verantwortlich für die Erarbeitung und/oder Kontrolle der Spezifikation. Führt die Abnahme der Lösung durch oder überwacht diese. Bewilligt oder verwirft angeforderte fachliche und terminliche Änderungen der Lösung.
Werkzeuge	Beherrscht die Werkzeuge zur Dokumentation von fachlichen Vorgaben. z.B.: Office Suiten, Textverarbeitung, Tabellenkalkulationen, Präsentationswerkzeuge, Designwerkzeuge). Kennt die in der IT verwendeten Notationen (z.B.: ERD[12] und UML, Jackson, etc.)
Schul-bildung	Abgeschlossene Lehre als... Abgeschlossenes Studium auf Stufe FH, Technische Hochschule, Universität Fachrichtung ... Nachdiplomstudien im Bereich ...

Tab. 4: Stellenbeschreibung Mitglied Fachausschuss

---

[11] Je nach Kompetenz des Ausschusses kann die Erwartungshaltung an das Projektteam entstehen, dass sich Änderungen jederzeit in beliebigem Umfang realisieren lassen, mit entsprechenden Auswirkungen auf Qualität und Moral.

[12] ERD: Entity Relationship Diagram; UML: Unified Modelling Language; Jackson: Jackson Notation der strukturierten Programmierung

3.5.4
Der IT-Projektleiter

3.5.4.1
Verantwortung

- Informiert regelmässig den Auftraggeber gemäss den im Projektvertrag vereinbarten Regelungen
- Informiert regelmässig den Auftragnehmer gemäss den beim Auftragnehmer üblichen Regelungen
- Ist verantwortlich für die Projekttermine, die Projektkosten und die Qualität
- Prüft die Einhaltung der Reviewbestimmungen (des Auftraggebers oder/und des Auftragnehmers)
- Ist jederzeit über den Stand der Arbeiten informiert

3.5.4.2
Rechte und Kompetenzen

- Teilt den Projektmitarbeitern des Auftraggebers/Bestellers, sofern vertraglich definiert, die Tätigkeiten zu
- Teilt den Projektmitarbeitern des Auftragnehmers/Lieferanten die Tätigkeiten zu
- Entscheidet im Rahmen des Projekts über den Einsatz von Hilfsmitteln
- Überwacht die Einhaltung der Richtlinien im Projekt (Dokumentation / Änderungsverfahren)
- Informiert den Auftraggeber regelmässig über den Fortschritt der Tätigkeiten
- Definiert die qualitätssichernden Massnahmen und setzt diese durch
- Führt das Projekt über die einzuhaltenden Termine und über die Änderungen (unterbinden von Hektik, Überblick in Stresssituationen)

3.5.4.3
Stellenbeschreibung

Für den IT-Projektleiter sollten folgende Punkte in einer Stellenbeschreibung aufgeführt sein respektive im Curriculum Vitae eines Bewerbers vorkommen.

Rubrik	Beispiele
Team	Kann in umfangreichen Gruppen die Führung übernehmen. Kann sich durchsetzen. Erkennt, welche Teammitglieder fachliche und / oder technische Kompetenz aufweisen, und kann diese Mitarbeiter entsprechend einsetzen. Ist kommunikativ versiert (sich verständlich machen, gut zuhören).
Erfahrung	Hat bereits Projekte der Grösse x Personenjahre in einem homogenen / heterogenen Kundenumfeld geleitet. Kennt die prinzipiellen Elemente eines Vertrags respektive hat mit Auftragnehmern / Unternehmern Verträge abgeschlossen. Hat praktische Erfahrung in der Softwareentwicklung resp. Integration von Hardware und Software.
Einsatzbereich	Leitet als IT-Projektleiter Vorhaben in der Grössenordnung von x Personenjahren. Hauptgebiet z.B.:(Entwicklung von Anwendungssoftware im Bereich der Lagerbewirtschaftung, Integration von Systemkomponenten, Hardware und Software im Bereich der Maschinensteuerung). Auftraggeber (z.B.: die eigene Firma, Firmen aus dem Bereich Transport und Logistik, etc.).
Werkzeuge	Beherrscht die Werkzeuge zur Kontrolle und Führung von Projekten. z.B.:(Office Suiten, Textverarbeitung, Tabellenkalkulationen, Präsentationswerkzeuge). Beherrscht (z.B.: SAP PS, Scitor PS9, PeopleSoft, etc.)
SW-Verwaltungssystem	Hat SW-Verwaltungssysteme in der Praxis angewendet. Kann Softwarelieferungen organisieren und durchführen.
Schulbildung	Abgeschlossene Lehre als Abgeschlossenes Studium auf Stufe FH, Technische Hochschule, Universität Fachrichtung... Nachdiplomstudien im Bereich ...

Tab. 5: Curriculum IT-Projektleiter

3.5.5
Das Project Office

3.5.5.1
Verantwortung

- Organisiert und führt die Projektablage
- Konsolidiert die finanziellen Daten des Projekts zu Händen des Projektleiters
- Konsolidiert die rapportierten Arbeitsstunden zu Händen des Projektleiters

- Organisiert und führt das Änderungsverfahren
- Organisiert und führt das Problemmanagement
- Organisiert und führt das Sitzungswesen
- Organisiert und führt die Abwesenheits- und Kontaktlisten
- Unterstützt den Projektleiter
- Ist Stellvertretung für den Projektleiter (nur bei erfahrenen Project-Office-Mitarbeitern)

3.5.5.2
Rechte und Kompetenzen

- Setzt die administrativen Prozesse im Projekt durch
- Fordert bei den Projektmitarbeiten aktiv die Fortschrittsdaten ein
- Hat Weisungsbefugnis bezüglich Struktur (nicht Inhalt) der Dokumente und Disk Strukturen
- Hat Weisungsbefugnis bezüglich Einhaltung von Standards zur Verwaltung von Änderungen oder Problemen im Projekt (siehe Kapitel 3.12 „Change Management in Projekten" Seite 165).

3.5.5.3
Stellenbeschreibung

Rubrik	Beispiele
Team	Kann in umfangreichen Gruppen mitarbeiten. Übernimmt in einem Team gerne die unterstützende Rolle. Kann sich in einem bestehenden langjährig gewachsenen Team einarbeiten und eine unterstützende Rolle einnehmen.
Erfahrung	Weiss, mit welchen Daten Projekte geführt und kontrolliert werden. Kennt die prinzipiellen Elemente eines Vertrags.
Einsatzbereich	Ist für die Erhebung der Führungsdaten im Projekt verantwortlich. Überwacht die Einhaltung der notwendigen Formalismen im Reporting des Projekts (z.B.: Fortschrittsrapportierung, Defect Reporting).
Werkzeuge	Beherrscht die Werkzeuge zur Kontrolle und Führung von Projekten. z.B.: (Office Suiten, Textverarbeitung, Tabellenkalkulationen, Präsentationswerkzeuge). Beherrscht (z.B.: SAP PS, Scitor PS9, PeopleSoft)
SW-Verwaltungssystem	Hat SW-Verwaltungssysteme in der Praxis angewendet. Kann Softwarelieferungen organisieren und durchführen.
Schulbildung	Abgeschlossene Lehre als Abgeschlossenes Studium auf Stufe FH, Technische Hochschule, Universität Fachrichtung... Nachdiplomstudien im Bereich...

Tab. 6: Curriculum Project Office

Für das Project Office sollten folgende Punkte in einer Stellenbe-schreibung aufgeführt sein respektive im Curriculum Vitae eines Bewerbers vorkommen.

3.5.6
Entwickler

3.5.6.1
Verantwortung

- Ist für die technisch einwandfreie Umsetzung verantwortlich
- Ist für die Wartbarkeit seines Codes verantwortlich
- Ist dafür verantwortlich, dass er nur nach erstellten Vorgaben und Richtlinien entwickelt
- Ist für die korrekten Angaben zu benötigtem Aufwand und Fort-schritt verantwortlich

3.5.6.2
Rechte und Kompetenzen

- Darf die Entwicklung auf Grund fehlender Vorgaben verweigern
- Soll die Vorgaben kritisch hinterfragen und bei Unklarheit eska-lieren
- Darf die für die Erledigung der Arbeiten notwendigen Werk-zeuge beim Projektleiter einfordern
- Darf Änderungen der Vorgaben auf Grund schwieriger Umsetz-barkeit beim Projektleiter einreichen
- Soll Änderungsanträge und Verbesserungsvorschläge bezüglich der Programmiervorgaben und -richtlinien einreichen[13]

3.5.6.3
Stellenbeschreibung

Für den Entwickler sollten folgende Punkte in einer Stellenbeschrei-bung aufgeführt sein respektive im Curriculum Vitae eines Bewer-bers vorkommen.

---

[13] Die laufende Verbesserung von Prozessen und Verfahren ist heute einer der Schlüssel zum Erfolg. Jede Person im Projekt soll sich an den Verbes-serungen beteiligen können.

Rubrik	Beispiele
Team	Kann in umfangreichen Gruppen mitarbeiten. Kann in einem kleinen innovativen Team die technische Führungsrolle übernehmen. Kann sich in einem bestehenden langjährig gewachsenen Team einarbeiten und eine tragende Rolle übernehmen
Erfahrung	Entwicklungsprojekte (z.B.:Endanwender, Prozessrechnertechnik, Automatisation, ERP Systeme...) Integrationsprojekte (z.B.: im Bereich Bau und Industrie...). Entwicklungsprojekte (z.B.: im Bereich Middleware und Betriebssysteme) Erfahrung (z.B.: im Bereich Versiche-rungsmathematik und Statistik). Langjährige Erfahrung (z.B.: im Bereich der Statik und Strömungstechnik)
Einsatzbereich	Entwickelt (z.B.: in einer bestehenden Umgebung auf Eclipse JSP, Applikationen für technische Anwender, ein neues Framework basierend auf der J2EE Architektur, auf einem Prozessrechnersystem die Steuerung für einen Maschine zur Herstellung eines Halbfabrikats, Lebensmittels, Endprodukts.) Pflegt eine in Betrieb stehende Softwareumgebung auf Unix für Fachanwender im Bereich Auftragsabwicklung und –Kontrolle.
Programmier-sprachen	Kennt die erforderlichen Programmiersprachen und hat diese seit n Jahren angewendet.
Entwicklungs-umgebung	Hat mit Entwicklungsumgebungen gearbeitet.
SW-Verwal-tungssystem	Hat SW-Verwaltungssysteme in der Praxis angewendet.
Schulbildung	Abgeschlossene Lehre als Abgeschlossenes Studium auf Stufe FH, Technische Hochschule oder Universität Fachrichtung ... Nachdiplomstudien im Bereich ...

Tab. 7: Curriculum Entwickler (Programmierer)

3.5.7
Technischer Projektleiter

Die Anforderungen an Spezialwissen sind äusserst stark von der zu erfüllenden Aufgabe abhängig. Der Unterschied zwischen der Implementierung von Prozessrechnerlösungen über die Entwicklung statischer Webseiten auf einen bestimmten Browser bis zur Integration von Multi-Tear-Architekturen ist enorm. Der technische Projektleiter muss nicht alles selbst wissen, er kann es auch nicht. Er hat idealerweise mehrere Jahre im technischen Bereich entwickelt resp. ist zu 50% selbst im Projekt als Entwickler tätig.

3.5.7.1
Verantwortung

- Ist für die professionelle technische Implementierung der Lösung zuständig (Design)

- Informiert die Programmierer über Spezialitäten der verwendeten Entwicklungsumgebung und Hardware

- Hält den Kontakt zu den Herstellern der in der Entwicklung verwendeten Hilfsmittel und Arbeitsumgebungen

- Überprüft Aufwandschätzungen

- Ist für das Problemlog verantwortlich

- Beurteilt Änderungen im Projekt auf technische Machbarkeit und schätzt die Auswirkungen auf den Termin und den Aufwand

- Konsolidiert die technischen Anforderungen

- Nimmt an Gremien Teil, die Richtlinien zur Herstellung der Software vorschreiben

3.5.7.2
Rechte und Kompetenzen

- Entscheidet, wie implementiert wird

- Empfiehlt dem Auftraggeber und Auftragnehmer technische Umsetzungen und die Verwendung von Programmiersprachen oder geeigneten Laufzeitumgebungen

- Darf selbst Spezialisten zur Problemlösung oder zur Durchführen von Machbarkeitsstudien beiziehen

3.5.7.3
Stellenbeschreibung

Für den technischen Projektleiter sollten folgende Punkte in einer Stellenbeschreibung aufgeführt sein, respektive im Curriculum Vitae eines Bewerbers vorkommen.

Rubrik	Beispiele
Team	Kann sich bei unterschiedlichen Meinungen durchsetzen und einen klaren Standpunkt vertreten.
	Ist in der Lage, in technischen Gremien die essentiellen Informationen weiterzugeben und aufzunehmen.
	Weiss, welche Informationen in einem Projekt weiterzugeben sind und welche Informationen Holschuld der einzelnen Projektmitarbeiter sind.
	Kann motivieren und zu diszipliniertem Arbeiten anhalten.
Erfahrung	Hat Führungsaufgaben in der Position als Unterzeichnungsberechtigter wahrgenommen.
	Hat Vertragsverhandlungen mit Lieferanten zur Lieferung von Werken oder zur Erbringung von Dienstleistungen erfolgreich zum Abschluss gebracht.
	Hat eine leitende Aufgabe in Projekten der Grösse [x] Personenmonate innegehabt.
	Hat in einem dem Einsatzbereich entsprechenden technischen Gebiet langjährige Erfahrung gesammelt.
	Ist kontaktfreudig und kann eine Brückenfunktion zwischen fachverantwortlichen Projektmitgliedern und den technischen Projektmitarbeitern einnehmen.
Einsatzbereich	Führt ein Projektteam von [n] Mitarbeitern (zur Herstellung von Endbenutzersoftware mittels C++ auf Unix).
	Führt ein Projektteam von Datenbankspezialisten (auf Oracle Version [x] auf dem OS „x").
	Baut ein neues Projektteam aus erfahrenen Mitarbeitern auf, um basierend auf Eclipse, JBuilder, etc. Applikationen herzustellen.
Programmiersprachen	Kennt die erforderlichen Programmiersprachen und hat diese seit [n] Jahren angewendet.
Entwicklungsumgebung	Hat mit Entwicklungsumgebungen gearbeitet.
SW-Verwaltungssystem	Hat SW-Verwaltungssysteme in der Praxis angewendet.
Schulbildung	Abgeschlossene Lehre als
	Abgeschlossenes Studium auf Stufe FH, Technische Hochschule, Universität Fachrichtung ...
	Nachdiplomstudien in den Bereichen...
	Oder Weiterbildung in den Bereichen...

Tab. 8: Curriculum Technischer Projektleiter

3.5.8
Fachprojektleiter

Der Fachprojektleiter wird in Projekten eingesetzt, in denen spezielle Betriebsabläufe IT-technisch umgesetzt werden sollen. Der Fachprojektleiter ist idealerweise auch der Gesamtprojektleiter in einer
Parallelorganisation. Dies gewährleistet eine Lösung, die den Anwendern optimalen Nutzen bringt.

3.5.8.1
Verantwortung

- Stellt sicher, dass die Benutzeranforderungen korrekt umgesetzt
  werden

- Informiert die Fachstellen des Auftraggebers / Bestellers betref-
  fend der Entscheidungen über die Umsetzung der Anforderungen

- Führt das Änderungsverfahren und kennt die Konsequenzen aus
  den Änderungen

- Ist verantwortlich für das gesamte Projekt (sofern Gesamtprojektleiter)

- Stellt sicher, dass die Testdaten rechtzeitig vorhanden sind (Erfassung von Hand, Import aus anderen Systemen, Generierung
  durch Spezialsoftware)

3.5.8.2
Rechte und Kompetenzen

- Entscheidet, was genau implementiert wird

- Kann die Fachstelle überstimmen oder hat das Vetorecht auf
  Entscheide der Fachstelle

- Nominiert die Mitarbeiter der Fachstelle, welche die Spezifikation und Testfälle erfassen

- Konsolidiert die Anforderungen verschiedener Stakeholders an
  die zu erstellende Software

3.5.8.3
Stellenbeschreibung

Für den Fachprojektleiter sollten folgende Punkte in einer Stellenbeschreibung aufgeführt sein respektive im Curriculum Vitae eines
Bewerbers vorkommen.

Rubrik	Beispiele
Team	Kann sich bei unterschiedlichen Meinungen durchsetzen und einen klaren Standpunkt vertreten.
	Ist in der Lage, auch bei unklarer Zielsetzung oder aus widersprüchlichen Zielvorgaben ein Ziel zu definieren und dieses zu verfolgen.
	Ist kommunikativ versiert und belastbar.
Erfahrung	Hat Führungsaufgaben in der Position als Unterzeichnungsberechtigter wahrgenommen.
	Hat Vertragsverhandlungen mit Lieferanten zur Lieferungen von Werken oder zur Erbringungen von Dienstleistungen erfolgreich zum Abschluss gebracht.
	Hat eine leitende Aufgabe in Projekten der Grösse [x] Personenmonate innegehabt.
	Hat in einem dem Einsatzbereich entsprechenden fachlichen Gebiet langjährige Erfahrung gesammelt.
	Ist kontaktfreudig und kann eine Brückenfunktion zwischen fachverantwortlichen und technischen Projektmitarbeitern einnehmen.
Einsatzbereich	Führt Projektteams von [n] Mitarbeitern (zur Erstellung von Anforderungsspezifikationen für IT-Systeme).
	Erarbeitet im Fachgebiet ablauforganisatorische Definitionen zur Anpassung der Prozesse an den Einsatz von IT-Systemen resp. in Zusammenarbeit mit der GL die Priorität der IT-Projekte im Rahmen der Anpassung der betrieblichen Abläufe.
IT Systeme	Kennt Stärken und Schwächen der verschiedenen Laufzeitplattformen.
Schulbildung	Abgeschlossene Lehre als
	Abgeschlossenes Studium auf Stufe FH, Technische Hochschule, Universität Fachrichtung...
	Nachdiplomstudien im Bereich...
	Weiterbildung in den Bereichen...

Tab. 9: Curriculum Fachprojektleiter

3.5.9
Fachspezialist

Der Fachspezialist vertritt die Personen, welche typischerweise mit dem Endprodukt arbeiten. Dies kann sowohl ein Laborant sein, der mit Computer-Aided-Chemistry arbeitet, wie auch ein Lagerverwalter, der den Bestand an Artikeln in seinem Lager zu führen hat.

3.5.9.1
Verantwortung

- Dokumentiert korrekt, welche Prozesse des Arbeitsablaufs ab-gebildet werden müssen
- Beschreibt korrekt „Soll- und Ist-Abläufe", die IT-technisch umgesetzt werden sollen
- Dokumentiert den Umfang der notwendigen Daten, der für die Erledigung einer bestimmten Aufgabe notwendig ist
- Ist verpflichtet, eine vorgeschriebene Dokumentationsnotation zu verwenden
- Erstellt Testdaten und Testdrehbücher

3.5.9.2
Kompetenzen und Rechte

- Kann sein Veto zu bestimmten Abläufen oder Funktionalitäten einlegen, sofern diese zu umständlichen und teuren Abläufen führen sollten.

3.5.9.3
Stellenbeschreibung

Rubrik	Beispiele
Team	Kann in einem Team seine Fachkompetenz in Zusammen-arbeit mit allen Teammitgliedern zum Tragen bringen. Ist konsensfähig und in der Lage, verschiedene Meinungen zu akzeptieren.
Erfahrung	Ist kontaktfreudig und kann eine Brückenfunktion zwi-schen fachverantwortlichen und technischen Projektmitar-beitern einnehmen. Hat im geforderten fachlichen Bereich über n Jahre die Funktion x ausgeübt. Hat Erfahrung im Einsatz von IT-Hilfsmitteln im fachlichen Bereich. Hat im fachlichen Bereich Hilfsmittel zur Bearbeitung des Tagesgeschäfts eingeführt, evaluiert, getestet, abgenom-men, spezifiziert.
Einsatz-bereich	Beschreibt die für den Geschäftsbereich „x" notwendigen Prozesse und definiert mit den Mitarbeitern die zu automa-tisierenden Prozessschritte.
Methoden-kenntnisse	Kennt anerkannte Methoden in der Prozessanalyse und Modellierung. Kennt Methoden zur Modellierung von unternehmensweiten „Prozesslandkarten"
Schul-bildung	Abgeschlossene Lehre als... Abgeschlossenes Studium auf Stufe FH, Technische Hoch-schule, Universität Fachrichtung ... Nachdiplomstudien im Bereich ...

Tab. 10: Curriculum Fachspezialist

Für den Fachspezialisten sollten folgende Punkte in einer Stellenbeschreibung aufgeführt sein respektive im Curriculum Vitae eines Bewerbers vorkommen.

3.5.10
Testverantwortlicher

Der Testverantwortliche ist für alles in Sachen Test zuständig. Was dieser aus Wissensgründen nicht selbst erledigen kann, muss er delegieren können.

3.5.10.1
Verantwortung

- Ist für die Testplanung zuständig
- Ist für die Beschaffung der Testdaten zuständig
- Organisiert die Testinfrastruktur
- Definiert das für die Führung der Testfälle zu verwendende Werkzeug (ausser dieses ist durch den Kunden/die Firma vorgegeben)
- Definiert das für die Führung der gefundenen Mängel zu verwendende Werkzeug. Ideal sind Werkzeuge, die beide Funktionen, die Testfallführung und die Verwaltung der Mängel, vereinheitlichen
- Definiert die Testabbruch- respektive die Auslieferkriterien für eine Software oder gesamte Lösung

3.5.10.2
Kompetenzen und Rechte

- Kann zu Händen der Projektleitung ungenügende Testfortschritte eskalieren
- Kann die Beschaffung von Testdaten erzwingen
- Kann die Auslieferung einer Software bei ungenügender Qualität im Sinne der Zuverlässigkeit mit einem Veto belegen

3.5.11
BTC-Leiter

Der BTC-Leiter – BTC steht für Business Technology Center[14] – ist eine, abhängig von der Firmenstruktur, existierende Rolle.

3.5.11.1
Verantwortung

- Priorisiert die Anforderungen der Fachabteilungen zu Händen der IT

- Ist für die Erstellung der fachlichen Vorgaben verantwortlich

- Klärt sämtliche Unklarheiten fachlicher Herkunft, ohne das Projekt zu gefährden

- Ist für die Bereitstellung der fachlichen Tests verantwortlich. Diese Aufgabe kann an einen Testverantwortlichen delegiert werden.

3.5.11.2
Rechte und Kompetenzen

- Definiert den Lieferumfang der Applikation

- Beschliesst Änderungen bezüglich der bestehenden Vorgaben

- Priorisiert die Reihenfolge der Implementierung der Software-produkte

3.5.11.3
Stellenbeschreibung

Die Stellenbeschreibung für den BTC Mitarbeiter entspricht weitgehensd der des Fachspezialisten.

---

[14] BTCs werden besonders in grösseren Firmen alternierend geschaffen und wieder abgeschafft (Zyklus von fünf bis sieben Jahren). Ohne BTCs werden zwischen IT und Fachmitarbeitern mit der Zeit enge Bande geknüpft, was dazu führen kann, dass Aufträge auf Zuruf erstellt werden. Solches wird mit BTCs, welche die Aufträge bündeln und priorisieren, unterbunden. Die BTCs können mit der Zeit die Nähe zu den Fachstellen verlieren, so dass die Aufträge nicht im Sinne der Fachstellen priorisiert werden. Die Auftragsbehandlung wird schwerfällig. Dieser Effekt wird mit der Abschaffung der BTCs gestoppt.

Rubrik	Beispiele
Team	Rolle, welche die Person im Rahmen der operationellen fachlichen Tätigkeit einnimmt. Ausserdem: Kann seine Meinung auch in einem widersprüchlichen Umfeld durchsetzen. Ist kommunikativ versiert (sich verständlich machen, gut zuhören).
Erfahrung	Hat mehrere Jahre Erfahrung im fachlichen Bereich. Kennt bereits bestehende IT-Hilfsmittel, welche für diesen Bereich eingesetzt werden oder wurden. Kann IT-bezogene Notationen und Sprache verstehen. Hat bereits in mehreren Projekten zur Einführung und / oder Erneuerung von IT- Systemen als Fachberater mitgewirkt. Ist in der Lage, Auswirkungen von Änderungen auf ein IT-Projekt abzuschätzen.[15]
Einsatzbereich	Als Mitglied eines Fachausschusses verantwortlich für die Erarbeitung und/oder Kontrolle der Spezifikation. Führt die Abnahme der Lösung durch oder überwacht diese. Bewilligt oder verwirft angeforderte fachliche und terminliche Änderungen der Lösung.
Werkzeuge	Beherrscht die Werkzeuge zur Dokumentation von fachlichen Vorgaben. (z.B.: Office Suiten, Textverarbeitung, Tabellenkalkulationen, Präsentationswerkzeuge, Designwerkzeuge. Kennt die in der IT verwendeten Notationen Bsp: ERD[16], UML, Jackson, etc.
Schulbildung	Abgeschlossene Lehre als... Abgeschlossenes Studium auf Stufe FH, Technische Hochschule, Universität Fachrichtung... Nachdiplomstudien im Bereich ...

3.5.12
Der Architekt

Der Architekt in der IT hat primär die Aufgabe, ein generelles Vorgehen für die Lösung zu definieren sowie die Software in Komponenten aufzuteilen. So sollen spätere Unverträglichkeiten oder Sack-

---

[15] Je nach Kompetenz des Ausschusses kann die Erwartungshaltung an das Projektteam entstehen, dass sich Änderungen jederzeit in beliebigem Umfang realisieren lassen, mit entsprechenden Auswirkungen auf Qualität und Moral.

[16] ERD: Entity Relationship Diagram; UML: Unified Modelling Language; Jackson: Jackson Notation der strukturierten Programmierung

gassen vermieden werden. Ein guter Architekt sollte in jedem Fall unterbinden, dass in einer Firma sprechende Schlüsselfelder für Datenbanken verwendet werden.

3.5.12.1
Verantwortung

- Ist verantwortlich, dass die erstellte Lösung erweiterbar ist

- Stellt sicher, dass die Software die notwendige Flexibilität aufweist, so dass spätere fachliche Anforderungen ohne Totalrenovation implementiert werden können.

- Definiert die Implementierungsvorgaben wie die zu verwendende Sprache

3.5.12.2
Kompetenzen und Rechte

- Definiert die Bereiche einer Software, die parametrisiert oder codiert werden

- Setzt die Architekturvorgaben durch

- Definiert die Systemgrenzen

- Gibt den Design einer Software nach einem Review frei

- Kontrolliert die Einhaltung der Architekturvorgaben

3.5.12.3
Stellenbeschreibung

Die Stellenbeschreibung für den IT-Architekten entspricht dem des IT-Projektleiters.

3.6
Lieferumfang

3.6.1
Einleitung

In diesem Kapitel sind Situationen aufgeführt, die zu unklaren Lieferbeschreibungen führen können. Die Unterscheidung der Ziele und der Lieferobjekte eines Projekts ist hier explizit hervorgehoben. Deren Vermischung kann im späteren Projektverlauf zu Schwierigkeiten führen.

3.6.2
Situationen

Sie erhalten den Auftrag, mittels eines IT-Projekts das Ziel des Auftraggebers zu erreichen. Dieses besteht darin, die Kosten der Rechnungsstellung, der Kontrolle der Debitoren sowie des Bestellwesens und der Lagerverwaltung um 30% zu reduzieren. Zurzeit erfolgt die Rechnungsstellung auf Basis von Tabellenkalkulationen, Kontoauszügen und Bestellbüchern.

3.6.2.1
Projekt in der gleichen Firma („inhouse")

Überzeugen Sie den Auftraggeber davon, dass vor dem Start der Entwicklung der Lieferumfang klar sein muss. Ein unklarer Lieferumfang oder das Fehlen von Anwendern mit Erfahrung im Erarbeiten von Spezifikationen erfordern die Herstellung eines Prototyps.

Teilen Sie das Projekt in zwei Teile auf, dadurch erreichen Sie zwei wichtige Punkte:
1. Sie trennen das Ziel von der Lieferung.
2. Der Auftraggeber weiss, dass Sie eine Lieferung zur Unterstützung seines Ziels erbringen.

Der erste Teil beinhaltet die Erarbeitung der Fachspezifikation und der technischen Architektur. Daraus kann nach der Aufwandschätzung die Wirtschaftlichkeitsrechnung[17] erstellt werden. Halten Sie mit dem Auftraggeber den Inhalt der Spezifikation und den Termin deren Lieferung fest. Beginnen Sie gleichzeitig mit der Dokumentation der technischen Architektur.

Vorlage: Word Template; Datei: Fachspezifikation.dot

Resultate des ersten Projektteils:

- Fachspezifikation

- Architektur der Lösung

- Lieferumfang der Software

- Wirtschaftlichkeitsrechnung

---

[17] Sobald die Kosten für Erstellung/Einkauf und Wartung einer Lösung klar sind, lässt sich die Wirtschaftlichkeitsrechnung professioneller berechnen. Die Investitionskosten sind mit einzubeziehen.

Erforderliche Rollen während der Spezifikation:

- Auftraggeber
- Projektleiter
- Fachspezialist oder BTC-Mitarbeiter
- IT-Architekt oder IT-Projektleiter

Der zweite Teil des Projekts beinhaltet die Lieferung der Software zur Rechnungsstellung und Debitorenverwaltung. Sie sind jetzt in der Lage, dem Auftraggeber eine „Make or Buy"-Variante vorzuschlagen. Besonders Standardgeschäftsfälle wie die hier beschriebene Situation lassen sich durch den Einkauf und die Integration einer auf dem Markt gehandelten Software gut unterstützen.

Der Lieferumfang hängt bei Inhouse-Projekten stark von den Gepflogenheiten der Firma ab. Folgende Resultate sollten besonders bei Projekten von einer Grösse ab 12 PM erbracht werden:

- Betriebsbereite Software
- Testdaten
- Testszenarien
- Teststatistiken
- Schulungsunterlagen
- Schulungsplan
- Benutzerhandbuch
- Intranet-Webseiten (können das Handbuch und einen Teil der Schulungsunterlagen überflüssig machen)
- Softwaredokumentation (für die Wartung)
- Abnahmedokument des Auftraggebers (auch in Inhouse-Projekten lässt sich durchaus auch einmal eine Software offiziell abnehmen)

Erforderliche Rollen während der Erstellung:

- Auftraggeber
- Projektleiter
- Fachspezialist oder BTC-Mitarbeiter

- IT-Architekt oder IT-Projektleiter
- Tester
- Entwickler

3.6.2.2
Projekt für eine Fremdfirma

Teilen Sie das Projekt in zwei Teile auf:

Im ersten Teil definieren Sie mit dem Auftraggeber zuerst den Auftrag, den Sie als Vertreter der externen Firma erhalten sollen. Die Steuerung der Erwartungshaltung ist hier äusserst wichtig.

Die Erarbeitung der Anforderungsspezifikation benötigt anderes Wissen als die Entwicklung der Software oder die Evaluation eines Programms für den Kunden.

Klären Sie mit dem Auftraggeber ähnlich dem Inhouse-Fall zuerst den Lieferumfang bis zur und mit Erstellung der Anforderungsspezifikation und der Kostenschätzung. Vermeiden Sie Termin- und Kostenzusagen bezüglich des Endprodukts in diesem frühen Stadium des Projekts. Kosten und Termine lassen sich so früh nicht abschätzen, ausser Sie haben sich mit Ihrer Firma auf Branchenlösungen spezialisiert und können Offerten quasi generieren (Schubladenlösung).

In einem ersten Vertrag wird die Erarbeitung einer Anforderungsspezifikation und eines ersten Lösungskonzepts vereinbart. Wichtig dabei ist die vertragliche Verpflichtung des Auftraggebers zur Mitarbeit in Vorstudie, Hauptstudie und in der Spezifikationsphase.

Sie liefern im ersten Projektteil folgende Resultate:

- Anforderungsspezifikation

Je nach Vertrag:

- Architektur der Lösung
- Lieferumfang der Software
- Schätzung der Projektkosten[18]
- „Make or Buy"-Empfehlung

---

[18] Was im Rahmen der Kostenschätzung durchaus mitgegeben werden soll, ist eine Schätzung der Aufwände, die dem Auftraggeber anfallen werden.

Die Wirtschaftlichkeitsrechnung fehlt in dieser Auflistung gegenüber der „Inhouse"-Variante bewusst. Wir empfehlen diese nicht, da eine IT-Lösung alleine die Wirtschaftlichkeit eines Prozesses nicht sicherstellen kann. Der Auftraggeber muss mögliche Einsparungen tatsächlich vornehmen, damit eine Kostensenkung mit einer neuen IT-Lösung überhaupt eintreten kann. Kostensenkungen erfolgen in einem Dienstleistungsbetrieb oft über Entlassungen, selten über die Erhöhung des Umsatzes bei gleicher Belegschaft.

Erforderliche Rollen für die Spezifikation:

- Auftraggeber
- Projektleiter
- Fachspezialist
- IT-Projektleiter oder IT-Architekt
- BTC-Mitarbeiter

Im zweiten Teil des Projekts wird die Software entwickelt respektive eingekauft und angepasst. Als Basis dient die vorher erarbeitete Spezifikation.

Änderungswünsche des Kunden sind mittels eines professionellen Änderungsverfahrens zu führen und nicht einfach nur zu verwalten. Siehe Kapitel 3.12 „Change Management in Projekten" Seite 165.

Als Resultat des zweiten Teils des Projekts liefern Sie die betriebsbereite Software ab. Bitte klären Sie mit dem Auftraggeber vor Abschluss des Vertrags, ob die Mitarbeiter sich selbst schulen (teach the teacher) oder ob Sie die gesamte Schulung organisieren und auch durchzuführen haben.

Entsprechend kann der Lieferumfang für den zweiten Teil folgendermassen aussehen:

- Betriebsbereite Software
- Wartungskonzept
- SLA zur Wartung
- Softwaredokumentation
- Angepasste Spezifikation
- Teststatistik
- Testfälle
- Evaluationsbericht
- (Schulung)

Wie Sie sicher feststellen, enthält die Liste des Lieferumfangs keine direkte Referenz zu den gestellten Projektzielen. Für Sie als Projektleiter ist der Lieferumfang und dessen qualitative Eigenschaft der einzig messbare Erfolgsfaktor. Ob der Auftaggeber mit dieser Lösung sein Ziel erreichen kann, können Sie nicht abschliessend garantieren.

3.6.3
Fazit

Die Vor- und Nachteile gute und schlechter Lieferdefinitionen sind in den beiden nächsten Kapitel zusammengefasst aufgeführt.

3.6.3.1
Gute Lieferdefinitionen

Gute Lieferdefinitionen in der IT sind durch folgende Punkte charakterisiert:

- Haben einen Liefertermin
- Sind klar abgrenzbar (alle wissen und verstehen, wann der Lieferumfang erreicht ist – klingt banal, ist es aber nicht!)
- Zeichnen sich durch klar definierbare Zwischenlieferungen („Halbfabrikate") aus, deren Fertigung innerhalb von 14 Tagen realisierbar sind. Die Herstellung eines Molochs von Software kann keiner en bloc definieren, planen und führen
- Können für jeden verständlich geändert und / oder erweitert werden
- Beinhalten Architekturvorgaben (OS, Kompatibilitäten, Vorschriften)
- Beinhalten klare Angaben zu den nichtfunktionalen Anforderungen[19]
- Enthalten klare Angaben zum Verwendungszweck (Online, Batch, Anzahl Nutzer, Datenmenge etc.)
- Erlauben eine klare Abnahme

---

[19] Siehe Kapitel 3.8 Qualitätssicherung, ab Seite 80

3.6.3.2
Schlechte Lieferdefinitionen

Schlechte Lieferdefinitionen in der IT lassen sich folgendermassen charakterisieren:

- Sind interpretierbar oder jeder Projektbeteiligte hat eine eigene Vorstellung von dem, was geliefert werden wird und welchen Nutzen er aus der Lösung zieht

- Sind direkt auf das fachliche Ziel / fachliche Wirkung ausgerichtet

- Beinhalten Renditeüberlegungen

- Sind mit einem Organisationsprojekt vermischt (Ablauf- und Aufbauorganisation im Zusammenhang mit einem IT-Projekt)

- Lassen die klare Laufzeitumgebung (Runtime Environment) undefiniert (zum Beispiel unterstützte Browser bei einem Online-Shop oder zu verwendende Datenbanken)

- Lassen keine exakte Fortschrittskontrolle zu (Umkehrschluss von oben)

- Lassen den Auftragnehmer / Unternehmer bezüglich des Anwendungsgebiets im Dunkeln (Umkehrschluss von oben)

- Enthalten keine oder ungenügend „nichtfunktionale Anforderungen"

3.7
Informations- und Dokumentationsplanung

3.7.1
Informationsmatrix

Informationen rund um die Steuerung des Projekts müssen systematisch festgehalten und gepflegt werden. Sämtliche Stakeholder werden mit Informationen aus dem Projekt beliefert und informieren ihrerseits das Projekt.

Infos nach / von	Endanw. Fachbereich	Endanw. Systembetreiber	Endanwender Poweruser	BTC	Auftraggeber	Auftragnehmer	Analyst	Designer	Entwickler	Tester	IT-Projektleiter	Fachprojektleiter	Gesamtprojektleiter
Informationen von / nach													
Endanwender F.[20]	▓												
Endanwender S.[21]		▓											
Endanwender P.[22]			▓										
BTC				▓									
Auftraggeber					▓								
Auftragnehmer						▓							
Analyst							▓						
Designer								▓					
Entwickler									▓				
Tester										▓			
IT-Projektleiter											▓		
Fachprojektleiter												▓	
Gesamtprojektleiter													▓

Tab. 11: Schema für Informationsmatrix

3.7.2
Situationen

Sie erhalten den Auftrag die Projektleitung bei einer Firma zu übernehmen. Vorgaben bezüglich Informationsmanagement im Projekt existieren nicht. Jeder Projektleiter führt die Dokumentationsablage in seinem eigenen Stil und Umfang und entscheidet, wen er wann und wie informiert.

---

[20] Endanwender Fachbereich
[21] Endanwender Systemverantwortlicher
[22] Endanwender Poweruser

3.7.2.1
Projekt in der gleichen Firma ("inhouse") wie auch für eine externe Firma (Kunde)

Erstellen Sie ein System ähnlich einem Kontenplan. Darin werden sämtliche Resultate festgehalten, die aus der Projektführung anfallen. Nach diesem Plan können Sie sowohl die Disk-Struktur wie auch die Kapitel in Ordnern ausrichten.

Sofern Sie alle Ihre Mitarbeiter überzeugen können, dass ein Nummerierungssystem für die Ablagestruktur, die allen Projektbeteiligten in der Firma bekannt ist, sinnvoll ist, kann dieses Zukunft haben.

Das untenstehende Bild zeigt eine Variante mit einem Nummernsystem.

Abb. 11: Ablagestruktur auf elektronischem Medium

Sofern dieses Ordnungssystem nur für ihr eigenes Projekt Anwendung finden soll, verzichten Sie auf die Nummerierung. Die nur Ihnen bekannte Nummerierung würde dazu führen, dass in Verzeichnissen die Ordnernamen alphabetisch unsortiert zu lesen wären. Auch das Springen in den Verzeichnissen mit dem ersten Buchstaben des Ordnernamens funktioniert so nicht.

Der Vollständigkeit halber ist in der Abb. 11 nicht nur ein Strukturvorschlag für Führungsdaten und -Informationen enthalten, sondern auch für Daten der Lieferobjekte.

Interessant wird die Dokumentationsablage ab dem Zeitpunkt, wo Änderungen oder verschiedene Versionen einer Software hergestellt und ausgeliefert werden sollen.

Für den Quellcode und die dazugehörige Beschreibung sollte ein Sourcecode-Verwaltungswerkzeug verwendet werden. Für die Dokumentation in der Regel nicht, obschon auch dort die Anwendung Vorteile bringen würde, da unter anderem die Server mit Verwaltungssoftware in der Regel einem Backup-Verfahren unterliegen.

Wird die Software mehrmals abgeändert ausgeliefert, muss die Dokumentation dazu entsprechend gespeichert werden. Mit der Eröffnung eines Verzeichnisses je Lieferung, können die Änderungen einfach und wieder auffindbar festgehalten werden. Der Verzeichnisnamen sollte den Liefertermin beinhalten.

Die Ablage in Ordnern kann folgendermassen organisiert werden:

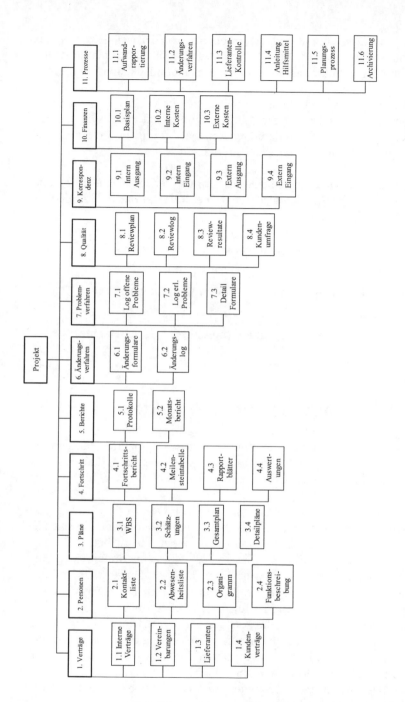

Abb. 12: Ablagestruktur Papier

Vereinbaren Sie mit dem Auftraggeber, wer zu welchem Zeitpunkt mit welcher Information beliefert wird (siehe Informationsmatrix Kapitel 3.7 „Informations- und Dokumentationsplanung" Seite 75).

Sie übernehmen ein Projekt, zu welchem ihr Vorgänger die Informationen – zumindest für Sie – unstrukturiert und unvollständig abgelegt hat. Die Projektmitarbeiter kennen ihre eigenen Bereiche und arbeiten selbstständig an den Ergebnissen.

Priorisieren Sie entsprechend der Brisanz der fehlenden Informationen. Je nach Projektsituation ist die Reihenfolge unterschiedlich. Hier ein Vorschlag:

1. Vertragsdokumente mit externen Partnern
2. Vertragsdokumente mit internen Partnern
3. Meilensteinplan mit garantierten Lieferungen
4. Adressliste mit den Rollen und zuständigen Personen
5. Übersicht der Änderungen (bewilligte und abgelehnte)

3.8
Risikomanagement in Projekten

Der Rollout des neuen Betriebssystems auf mehrere tausend Arbeitsplatzgeräte verläuft auf den Tag genau gemäss Planung. Das Rollout-Team und die Projektleitung sind sehr zufrieden mit dem Ergebnis.

Die nächste Steuerungsausschusssitzung steht bevor, der Projektleiter des Rollout-Projekts ist zuversichtlich, an der bevorstehenden Sitzung Lob für die Termintreue des Rollouts zu erhalten.

Unerwartet wird dem Projektleiter von Fachvertretern des Steuerungsausschusses der Vorwurf gemacht, die Benutzer seien mit dem Rollout nicht zufrieden: Die Plattform sei ein Rückschritt im Vergleich zur bestehenden Plattform, der Rollout müsse sofort gestoppt und das System nachgebessert werden. Die Benutzer stossen sich vor allem an den strengen Security-Einstellungen, die sie offensichtlich in der Arbeit stark einschränken. Sie haben Bedenken, Spezialsoftware bei Bedarf nicht mehr selber installieren zu können.

Das Thema wird im Steuerungsausschuss besprochen und dort kommt man der Ursache der Akzeptanzprobleme rasch auf den Grund: Die Benutzer bzw. Benutzervertreter sind zu wenig bei der Gestaltung der neuen Plattform miteinbezogen worden und die

Kommunikation zwischen dem Projektteam und den zukünftigen Benutzern hat nur beschränkt stattgefunden.

Der Leiter des Steuerungsausschusses stellt dem Projektleiter die berechtigte Frage, warum er das Benutzerrisiko nicht erkannt und entsprechende Massnahmen eingeleitet habe.

Der Fall zeigt, dass solche Erkenntnisse im Rollout sehr einschneidend sind und die guten Leistungen des Projektteams in den Schatten stellen können.

Er zeigt auch, wie wichtig die frühzeitige Durchführung einer systematischen Risikoanalyse ist.

In diesem Kapitel beleuchten wir das Risikomanagement eingehender.

3.8.1
Systematisches Risikomanagement ist ein Muss!

Das Risikomanagement hat folgenden Nutzen:

- Die Risiken werden rechtzeitig erkannt, richtig bewertet und somit kalkulierbar.

- Überraschungen werden so weit voraussehbar vermieden.

- Das Team kann sich Herausforderungen bewusst stellen.

- Risikominimierende Massnahmen oder Massnahmen zur Schadensbewältigung nach Risikoeintritt können definiert und umgesetzt werden.

Nach der Risikoermittlung stehen nicht mehr die Risiken, sondern die zur Risikominimierung und zur Schadensbewältigung getroffenen Massnahmen im Mittelpunkt.

Die definierten Massnahmen müssen in die Tätigkeitsliste des Projektes aufgenommen, geplant und die Umsetzung entsprechend überwacht werden. Die Tätigkeiten werden wie alle anderen Projekttätigkeiten gehandhabt.

Hätten Sie in der vorgängig geschilderten Situation das Risiko

„mangelnde Akzeptanz der neuen Plattform bei den Benutzern kann zu Projektverzögerung führen"

im Risikomanagement erkannt und entsprechende Massnahmen wie zum Beispiel

„Bildung eines Usergremiums zur Beurteilung der Plattform in der Testphase"

definiert, hätten Sie zum Beispiel folgende Tätigkeiten in die Projektplanung aufgenommen:

- „Test der Plattform durch Benutzergremium"
- „Nachbesserung der Plattform auf Grund des Feedbacks des Usergremiums"

Der Umsetzungsfortschritt der beiden Tätigkeiten kann anlässlich der periodischen Projektkontrolle verfolgt werden. Falls sich abzeichnet, dass eine oder beide Tätigkeiten nicht im geplanten Zeitrahmen und mit dem geplanten Budget umgesetzt werden kann, können entsprechende Massnahmen eingeleitet werden.

Dieses Beispiel soll zeigen, dass das Risikomanagement nichts anderes darstellt als eine Technik zur Definition notwendiger Projekttätigkeiten zur Minimierung von Risiken bzw. zur einfacheren Schadensbewältigung.

Wichtig ist einerseits, die erkannten Risiken regelmässig zu überprüfen, das heisst sicherzustellen, dass die definierten und geplanten Massnahmen wirklich zur Risikominimierung beitragen. Andererseits ist es wichtig, zu prüfen, ob auf Grund des Projektfortschritts neue Risiken erkannt werden können.

Das Akzeptanzrisiko des Rollouts ist erkannt worden, die zwei Tätigkeiten
- „Test der Plattform durch Benutzergremium",
- „Nachbesserung der Plattform auf Grund des Feedbacks des Usergremiums"

sind umgesetzt worden.

Um den Anregungen und Wünschen des Benutzergremiums gerecht zu werden, sind die Einschränkungen der Plattform gelockert worden.

Die in der ursprünglichen Version gesperrte Funktion

„Anzeige der zuletzt geöffneten Dateien"

wurde den Benutzern, entgegen der Spezifikation, wieder zur Verfügung gestellt.

Vor dem Rollout ist das System einem externen Security-Spezialisten zu Testzwecken übergeben worden. Es muss wohl kaum erwähnt werden, dass genau die Funktion der Anzeige der zuletzt geöffneten Dateien, die auf Grund der Benutzerwünsche wieder zur Verfügung gestellt worden ist, durch den Spezialisten als Securit- Mangel beanstandet wird.

Was ist passiert?

Dem Projektziel, hohen Security-Ansprüchen zu genügen, wurde in dem Moment, als die Massnahmen zur Minimierung des Ri sikos „Benutzerakzeptanz" geplant wurden, nicht mehr Rechnung getragen.

Genauso wichtig wie die Durchführung von regelmässigen Risiko-analysen ist, sich nicht auf die Risiken und die risikominimierenden Massnahmen zu versteifen und vor lauter Risikomanagement die Projektziele aus den Augen zu verlieren.

Trotz aller Risiken müssen die Projektziele erreicht werden. Falls diese nur durch das Eingehen hoher Risiken erreichbar sind, muss dies durch den Projektleiter transparent gemacht werden. Es ist die Aufgabe des Steuerungsausschusses, zu entscheiden, ob entspre-chende Risiken zur Erreichung der Ziele eingegangen werden kön-nen oder ob die Ziele angepasst werden müssen.

Der Projektleiter trägt nicht die Verantwortung für diesen Ent-scheid, er trägt aber die Verantwortung, den Steuerungsausschuss respektive den Auftraggeber frühzeitig über Risiken und Zielkon-flikte zu informieren und Lösungsvorschläge vorzulegen. Der Steue-rungsausschuss ist verantwortlich für den Entscheid.

Wichtig ist auch, die Kosten der risikominimierenden Massnah-men den Kosten eines Risikoeintritts gegenüberzustellen. In jedem Fall muss abgeschätzt werden, ob sich die Investition in risikomini-mierende Massnahmen lohnt.

3.8.2
Risikosichtweise

Als Risiko wird der potentielle Schaden verstanden, der einer Un-ternehmung bei der Umsetzung eines Vorhabens entstehen kann, in unserem Fall durch die Umsetzung eines Projekts.

Unter Schaden verstehen wir sowohl den finanziellen Schaden wie auch den immateriellen Schaden, wie zum Beispiel einen Imageschaden. Das Ausmass des Schadens wird in jedem Fall auf eine finanzielle Einheit umgerechnet. Mittels dieser finanziellen Grösse lässt sich das Risiko bewerten und beurteilen, wie viel in risikominimierende Massnahmen investiert werden soll.

Wir unterscheiden grundsätzlich verschiedene Sichtweisen auf Risiken:

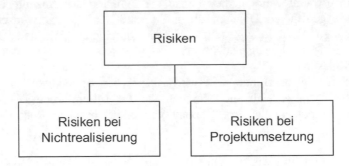

Abb. 13: Sichtweise auf Risiken

Risiko bei Nichtrealisierung des Projekts: Welcher finanzielle Schaden entsteht einer Unternehmung, wenn das Projekt nicht umgesetzt wird. Zum Beispiel:

- Einbusse der Effizienz der Benutzer

- Rückstand gegenüber der Konkurrenz

- Ein neues Produkt kann nicht über einen bestimmten Absatzkanal am Markt angeboten werden.

Risiken der Projektumsetzung: Welcher finanzielle Schaden entsteht der Unternehmung verursacht durch die Projektumsetzung. Zum Beispiel:

- Einbusse der Datenqualität bis hin zu Datenverlust

- Projektabbruch mit entsprechendem finanziellem Schaden

- Mangelnde Performance der neuen Lösung

- Mangelnde Prozessunterstützung

- Fehlerhafte Berechnungen

Nehmen wir an, die Durchführung des vorgängig beschriebenen Projekts „Rollout eines neuen Betriebssystems" wird durch die Geschäftsleitung abgelehnt oder zurückgestellt. Erst macht sich Enttäuschung bei den Mitarbeitern breit, die bereits viel Zeit und Engagement in die Projektantragsarbeiten gesteckt haben. Was aber aus unternehmerischer Sicht viel bedeutender ist, sind die Folgen dieses Entscheids. Mögliche Folgen:

- Erhöhte Kosten durch Mehraufwand, verursacht durch die geringe Standardisierung im Support

- Qualitätseinbussen und damit verbundene Fehlerbehebungskosten der Arbeitsergebnisse der Benutzer durch veraltete Programme

- Einschränkungen und damit verbundener Effizienzverlust bei den Benutzern

- Akzeptanzprobleme bei den Mitarbeitern

- Ausbildung der Mitarbeiter auf der alten Umgebung

Die Mitarbeiter, die an der Vorbereitung des Projekts mitgearbeitet haben, sehen all diese möglichen Folgen, sehen aber nach dem negativen Entscheid der Geschäftsleitung keine Möglichkeit mehr, ihre Bedenken einzubringen.

In diesem Fall gibt es zwei Szenarien. Das erste zeigt Massnahmen auf, die vor dem negativen Entscheid, zur Beeinflussung des Entscheids, durchgeführt werden müssen, und das zweite beschreibt Massnahmen, die nach dem Entscheid, zur Rettung der Situation, angegangen werden müssen.

Massnahmen vor dem negativen Entscheid:
Die oben aufgeführten Risiken gehören prominent vertreten in den Projektantrag und müssen damit dem Entscheidungsgremium präsentiert werden. Die beschriebenen Folgen einer Nichtrealisierung dürfen nicht bei den Haaren herbeigezogen sein, sondern müssen Hand und Fuss haben. Sehr wichtig ist, jede Folge einer Nichtrealisierung finanziell zu unterlegen. Konkret heisst dies:

- Der Mehraufwand im Support beträgt gegenüber der neuen Plattform 30 %. Bei heutigen Personalkosten von 3.000.000 Euro entspricht dies einer nicht möglichen Einsparung von 1.000.000 Euro.

- Durch die Qualitätseinbusse bei den Arbeiten der Mitarbeiter entstehen vermehrt Fehlerbehebungskosten bei den Kunden. Hier gehen wir davon aus, dass sich die heute anfallenden Fehlerbehebungskosten von 2.000.000 Euro jährlich um 5 % steigern. Dies ergibt im ersten Jahr Mehrkosten 100.000 Euro.

- Durch Einschränkungen beträgt der Effizienzverlust bei den Mitarbeitern in den nächsten 3 Jahren im Durchschnitt 2 %, hier können wir uns auf Studien abstützen. Bei gesamten Personalkosten von 100.000.000 Euro betragen die Kosten, verursacht durch die Nichtrealisierung des Projekts 2.000.000 Euro.

- Die Folgekosten der Mitarbeiterakzeptanz lassen sich nur schwer in einer finanziellen Grösse ausdrücken. Wir vernachlässigen diese in unserer Betrachtung.

- Die zusätzlichen Ausbildungskosten der Mitarbeiter auf der alten Plattform entstehen dadurch, dass neu eingestellte Mitarbeiter die alte Plattform gar nicht mehr beherrschen. Dadurch entstehen bei 200 neuen Mitarbeitern pro Jahr Kosten in der Höhe von 500.000 Euro.

Bei den aufgeführten Zahlen handelt es sich um Beispiele, die eine Grössenordnung zeigen sollen. Nehmen wir sämtliche Kosten zusammen, kommen wir auf einen Betrag von 3.600.000 Euro. Jetzt ist es ein Leichtes, diese Mehraufwände den Projektkosten gegenüberzustellen. Der Entscheidungsträger kann auf Grund der Zahlen entscheiden, ob er das finanzielle Risiko einer Nichtrealisierung in Kauf nehmen kann oder nicht. Neben den finanziellen Aufwendungen stehen auch strategische und qualitative Aspekte, die Risikopotential einer Nichtrealisierung bergen.

Massnahmen nach dem negativen Entscheid:
Falls der mögliche Schaden in den Projektantragsunterlagen nicht enthalten war, besteht die Möglichkeit, diesen im Nachhinein zu beziffern. Da bereits ein Entscheid getroffen ist, muss bewirkt werden, dass noch einmal auf den Entscheid zurückgekommen wird. Dazu gibt es folgende Möglichkeiten:

- Als erster Schritt muss, gewissermassen als Türöffner, der Rückhalt beim Leiter Informatik sichergestellt werden. Das heisst, das Schadenpotential bei Nichtrealisierung wird zuerst beim Leiter Informatik platziert und das weitere Vorgehen wird mit ihm abgesprochen.

- Als zweiter Schritt gilt es, zu analysieren, welche Geschäftseinheit den grössten Schaden bei Nichtrealisierung erleidet. Dem Leiter dieser Einheit muss das Risikopotential aufgezeigt werden. Bei diesem Vorgehen wird die Schwierigkeit darin liegen, einen Termin beim entsprechenden Leiter der Geschäftseinheit zu erhalten. Als Türöffner kann der Leiter Informatik dienen.

- Falls die ersten beiden Massnahmen, aus welchen Gründen auch immer, nicht umgesetzt werden können, muss das Risiko der Nichtrealisierung wie oben beschrieben aufgezeigt und mit dem

Projektportfoliomanagement besprochen werden. Hat der Port-foliomanager die notwendigen Befugnisse, kann er das Projekt bei der nächsten Besprechung der Projektvorhaben mit der Geschäftsleitung auf die Tagesordnung setzen.

- Falls auch diese Massnahme nicht umgesetzt werden kann, muss das Risiko der Nichtrealisierung wie oben beschrieben aufgezeigt und mit der hierarchisch vorgesetzten Stelle besprochen werden. Je nach Einflussmöglichkeit des Vorgesetzten kann er das Risikopotential an der nächsten Geschäftsleitungssitzung einbringen.

Zusammenfassend halten wir fest: Wenn das Risikopotential der Nichtrealisierung eines Projekts bereits bei der Beantragung des Projekts aufgezeigt und entsprechend kommuniziert wird, ist die Wahrscheinlichkeit, dass die Projektdurchführung bewilligt wird, viel höher, als wenn das Potential nicht aufgezeigt wird. Wie wir gesehen haben, gibt es auch Möglichkeiten nach einem negativen Durchführungsentscheid auf diesen zurückzukommen. Es stellt sich aber die Frage, wer den Aufwand für einen solchen Schritt bezahlt. Entweder setzt sich der Leiter Informatik dafür ein oder der Aufwand muss an anderen Vorhaben abgeschnitten werden.

3.8.3
Risikokategorien

Projektrisiken lassen sich in unterschiedliche Kategorien einteilen. Die Kategorien sind, wie das gesamte Risikomanagement, ein Hilfsmittel, um die Risiken zu ermitteln. Gehen wir die Kategorien durch, ist die Wahrscheinlichkeit, dass Risiken übersehen werden, wesentlich kleiner.

Grundsätzlich lassen sich Risiken in folgende Kategorien einteilen:

- Entwicklungsrisiken
- Managementrisiken
- Personelle Risiken

Abb. 14: Risikokategorien der Projektumsetzung

3.8.3.1
Entwicklungsrisiken

Die Anforderungen werden zusammen mit dem Fachvertreter in der ersten Projektphase der Konzeption erarbeitet. Nun stellt sich die Frage, was garantiert dem Projektleiter, dass der Fachvertreter ausreichend kompetent ist, um stellvertretend für den Fachbereich die Anforderungen an die Anwendung zu definieren.

Diese Situation stellt ein Risiko dar, das nicht dadurch entschärft werden muss, dass eine teure zweite oder gar dritte Person hinzugezogen wird. Es reicht aus, die definierten Anforderungen einem Review, am besten unter externer Leitung, zu unterziehen (siehe Kapitel 3.10 „Qualitätssicherung" Seite 144). Zudem, und das ist eine entscheidende Massnahme, müssen die Anforderungen durch den Fachverantwortlichen im Steuerungsausschuss abgenommen und zur Umsetzung freigegeben werden.

Eine weitere Situation in dieser Risikokategorie ist folgende:
In der Phase Realisierung arbeiten die Entwickler an der Umsetzung der Anforderungen. Das Entwicklungsteam ist sehr erfahren in der Entwicklung von Applikationen. Die Applikation wird jedoch mit einer neuen Entwicklungstechnologie umgesetzt. Dies stellt, trotz der Erfahrung der Entwickler, ein erhebliches Risiko dar. Folgendes wird mit hoher Wahrscheinlichkeit eintreten:

- Die Stabilität des entstehenden Systems kann nicht genügen.

- Der Projekttermin kann wegen mangelnder Erfahrung mit der neuen Technologie nicht eingehalten werden.

- Um den Termin halten zu können, werden zusätzliche personelle Ressourcen zur Umsetzung eingesetzt, was die Kosten aus dem Ruder laufen lässt.

- Die Wartungsfreundlichkeit der Anwendung ist schlecht.

- Das System ist nicht skalierbar.

- Die Antwortzeiten sind schlecht.

- Der Speicherbedarf der Anwendung ist sehr hoch.

Hier einige risikominimierende Massnahmen als Beispiel:

- Hinzuziehen von Entwicklern mit Erfahrung mit der neuen Technologie

- Schulung des Projektteams in der neuen Technologie vor der Umsetzung

- Review der ersten entwickelten Komponenten

- Sicherstellung, dass die Entwicklungssoftware das Einrichten von Messpunkten für die Laufzeitumgebung erlaubt

- Definieren eines Fallbackszenarios

- Support des Herstellers der Entwicklungs- und Laufzeitumgebung vertraglich vereinbaren und den Kontakt zwischen den eigenen Spezialisten und den Spezialisten der Hersteller sicherstellen

- Durchführung von Performance-Tests

Die aufgezählten Massnahmen schliessen sich gegenseitig nicht aus.

3.8.3.2
Managementrisiken

In einer Fachabteilung hat sich gezeigt, dass die durch die Aussendienstmitarbeiter gesammelten Kundenadressen und das Führen der Kundenkontakte zusammengelegt werden müssen. Durch die Verkaufsabteilung werden die Ist-Situation und die Vorstellungen für die zukünftige Lösung beschrieben. Da sich der Fachbereich eine webbasierte Kundenkontaktlösung vorstellt, wird die Webabteilung der Informatik kontaktiert und der Auftrag wird erteilt.

Schon bald nach der Aufnahme der Arbeiten durch die Informatik stellt sich heraus, dass bereits die umfassende Einführung eines CRM-Systems in einer anderen Informatikabteilung im Gange ist. Da die bestellte Weblösung innerhalb von 6 Monaten realisiert werden kann und die CRM-Lösung frühestens in 2 Jahren zur Verfügung steht, wird der Auftrag für eine mittlerweile nicht mehr strategische Weblösung nicht zurückgezogen, sondern als taktische Lösung weiter vorangetrieben.

Der Auftraggeber aus dem Fachbereich kommt unter Druck. Zur Lösung eines Problems werden zwei Anwendungen parallel entwickelt und das in einer finanziell angespannten Zeit. Das Augenmerk des Auftraggebers richtet sich immer mehr auf die neue CRM-Lösung. Die Managementattention für die webbasierte Lösung lässt allmählich nach. Die Leidtragenden in dieser Situation sind der Projektleiter mit seinem Projektteam, die weiter an der webbasierten taktischen Lösung entwickeln. Die Managementunterstützung ist nur noch beschränkt vorhanden.

Die beschriebene Situation birgt ein Managementrisiko. Es hätte z.B. durch nachfolgend beschriebene Massnahmen vermindert werden können:

- Abklären, ob weitere ähnliche Projekte geplant sind
- Prüfen des Projekts auf Strategierelevanz durch das Projektportfolio
- Abschätzen der Managementakzeptanz
- Klären der Sponsoren
- Analysieren der Projekt-Stakeholders

Auf Grund der Erkenntnisse aus diesen Massnahmen hätte ein klares Commitment der Geschäftsleitung zum durchzuführenden Projekt eingeholt werden sollen.

3.8.3.3
Personelle Risiken

Zur Umsetzung eines Internetprojekts steht Ihnen als Leiter einer IT-Abteilung aus Ihrem Projektleiterpool lediglich noch ein Projektleiter zur Verfügung. Die restlichen Projektleiter sind bereits mit der Umsetzung von Vorhaben beschäftigt und haben deshalb keine Kapazität, sich dem anstehenden Internetprojekt anzunehmen. Der zur Verfügung stehende Projektleiter hat sehr viel Erfahrung in Umsetzung von Host-Projekten.

Folgende Möglichkeiten stehen Ihnen zur Wahl:

- Einsatz des erfahrenen Host-Projektleiters
- Suche eines externen Projektleiters
- Warten mit der Umsetzung des Projekts bis ein erfahrener Internet-Projektleiter zur Verfügung steht
- Ablehnen des Projekts

Entscheiden Sie sich für eine der zwei ersten Möglichkeiten, gehen Sie ein personelles Risiko ein. Beim Einsatz des erfahrenen Host-Entwicklers sind dies, auf Grund mangelnder Erfahrung in der Leitung von Internetprojekten:

- Termin- und Kostenplan können nicht eingehalten werden.
- Die personellen Ressourcen werden falsch eingesetzt.
- Die Akzeptanz bei den Projektmitarbeitern fehlt.
- Die Projektrisiken können nicht abgeschätzt werden.

Entscheiden Sie sich für die dritte Möglichkeit, gehen Sie das Risiko ein, den Auftrag zu verlieren.

Die personellen Risiken können mit folgenden risikominimierenden Massnahmen entschärft werden:

- Projekt- und Planungsstand regelmässig einem Review unterziehen
- Durchführung eines straffen Projektcontrollings
- Dem Projektleiter einen Coach zur Verfügung stellen (aus den eigenen Reihen oder von Extern)
- Projektbegleitende Ausbildung (diese Massnahmen nur im Zusammenhang mit anderen Massnahmen)

Personelle Risiken können in den meisten Fällen durch die beschriebenen Massnahmen entschärft werden. Wichtig ist, ein Internetprojektleiter wird nicht als solcher geboren, sondern muss sich seine Sporen bei einem ersten Projekt verdienen und damit Erfahrung aufbauen. Der Vorgesetzte ist für die Förderung und Entwicklung seiner Mitarbeiter verantwortlich. Solange er sich der Risiken bewusst ist und die entsprechenden Massnahmen plant und umsetzt, sind die Risiken vertretbar. Idealerweise fängt ein neuer, unerfahrener Projektleiter mit einem wenig komplexen Projekt an.

3.8.4
Ablauf der Risikoanalyse

Während der Umsetzung des Internetprojekts berichten Sie einmal pro Monat dem Steuerungsausschuss über den Status des Projekts. Mitglieder des Steuerungsausschusses fragen regelmässig nach den Risiken des Projekts, zum Beispiel mit folgender Frage: „Ist es nicht ein Risiko, die Abwicklung der Kreditkartenprüfung als externen Service zu beziehen?"

Diese und ähnliche Fragen machen deutlich, dass sich die Mitglieder des Steuerungsausschusses bewusst oder auch unbewusst Gedanken über Risiken machen und unsicher sind, ob alle Risiken adressiert worden sind.

Mit strukturiertem Vorgehen können Sie solche Bedenken zerstreuen. Dieses Vorgehen muss allen Projektbeteiligten kommuniziert werden, damit sich alle in Sicherheit bezüglich des Umgangs mit Risiken fühlen.

Das Vorgehen ist unter zwei Aspekten zu betrachten:

- Die erstmalige Ermittlung der Risiken
- Die regelmässige Überprüfung der Risiken während der Projektabwicklung

Sowohl die erstmalige Ermittlung wie auch die regelmässige Überprüfung der Risiken erfolgt nach folgendem Ablauf:

- Risiko ermitteln: Die Risiken werden zusammengetragen.
- Risiko beschreiben: Es wird beschrieben, weshalb es zu diesem Risiko kommt und welcher maximale Verlust der Unternehmung durch den Eintritt dieses Risikos entstehen kann.
- Risiko bewerten: Ermittlung der Eintrittswahrscheinlichkeit, der Tragweite sowie Berechnung des daraus resultierenden Risikogrades.
- Frühwarnsystems einrichten: Eruieren der Faktoren, die anzeigen, dass sich das Risiko verschärft.
- Massnahmen definieren: Definieren, mit welchen Massnahmen die Eintrittswahrscheinlichkeit sowie die Tragweite und somit der Risikograd minimiert werden kann.
- Verantwortlichkeit festlegen: Bestimmen, wer die Verantwortung für die Beobachtung des Risikos, das heisst die Beobachtung des Risikogrades sowie die Beobachtung des Fortschritts der definierten Präventiv- und Alternativmassnahmen, trägt.

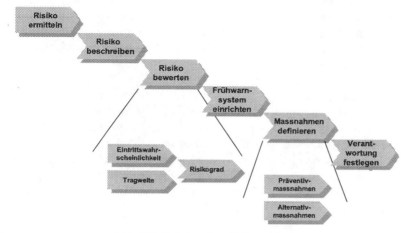

Abb. 15: Schritte der Risikoanalyse

In den folgenden Kapiteln werden die einzelnen Schritte der Risikoanalyse beschrieben.

3.8.4.1
Risiko ermitteln

Während der Projektplanung stellt sich Ihnen die Frage, ob Sie als
Projektleiter gleichzeitig der Risikomanager sind und somit auch für
die Ermittlung und „Pflege" der Risiken verantwortlich sind. Wenn
nein, wer soll bei der Risikoermittlung mitarbeiten und wie läuft
diese ab.

Der Projektleiter ist für die Durchführung der Risikoanalyse verantwortlich, was nicht bedeutet, dass er sie alleine durchführt. Die Risikoermittlung erfolgt hauptsächlich im Projektteam. Es ist jedoch von
Vorteil, punktuell weitere Personen zur Ermittlung der Risiken hin-
zuzuziehen:

- Wirtschaftliche Sicht: Mitarbeiter des Projektcontrollings

- Unternehmenssicht: Mitarbeiter des Projektportfolios

- Fachliche Sicht: weitere Mitarbeiter aus dem Fachbereich, die
  nicht im Projektteam vertreten sind

- Managementsicht: einzelne Mitglieder des Steuerungsausschusses

- Auftraggebersicht: Auftraggebervertreter

- Neutrale Gesamtsicht: externe Vertreter mit Erfahrung

In einem ersten Schritt werden die Risiken mittels Kreativitätstechnik (zum Beispiel mittels Brainstorming) zusammengetragen. Nach dem ersten Schritt werden die aufgelisteten Risiken gruppiert und gleichartige Risiken zusammengefasst. Sie werden stichwortartig beschrieben. Anschliessend werden die Risiken den Risikokategorien (siehe Kapitel 3.8.3) zugeteilt. Mit dieser Zuteilung kann festgestellt werden, ob für alle Kategorien Risiken vorhanden sind. Es ist möglich, dass bei der Zuteilung weitere Risiken zum Vorschein kommen, die auf der Risikoliste ergänzt werden können.

Die detaillierte Formulierung der Risiken wird nicht im Team erstellt, sondern ist Aufgabe des Projektleiters oder, wenn der Projektleiter diese Aufgabe delegiert hat, Aufgabe des definierten Risikomanagers.

Die beispielhaften Risiken der vorhergehenden Kapitel sind noch nicht beschrieben sondern stichwortartig festgehalten. Hier ein Beispiel:

„Die Akzeptanz bei den Projektmitarbeitern fehlt.“

Wir werden dieses personelle Risiko in den folgenden Kapiteln weiter bearbeiten.

3.8.4.2
Risiko beschreiben

Nach der Risikoermittlung verfügen Sie in der Rolle als Risikomanager über eine kategorisierte Zusammenstellung von stichwortartig festgehaltenen Risiken. Allen Beteiligten der Phase Risikoermittlung ist die Bedeutung der einzelnen Risiken klar. Es besteht jedoch die Gefahr, dass nach kurzer Zeit vergessen geht, was genau das Risiko ist und welche Folgen daraus resultieren.

Es ist unbedingt notwendig, zu beschreiben, weshalb es zu diesem Risiko kommt und welcher maximale Verlust der Unternehmung durch den Eintritt dieses Risikos entstehen kann. Die Beschreibung erfolgt mittels „Risk Statement“. Ein „Risk Statement“ besteht aus:

- Beschreibung, welche Bedingung zum Eintritt des Risikos führen kann.
- Beschreibung des maximalen Verlusts, welcher der Unternehmung durch den Eintritt des Risikos entstehen kann.

Risikobeschreibung	
Beschreibung der aktuellen Bedingungen, die zu einem Verlust führen könnten	Beschreibung des Verlustes resp. der negativen Auswirkung

Beispiel:
Bedingt durch den Mangel an Erfahrung und Ausbildung in OO-Technologie besteht die Möglichkeit, dass das Produkt die Anforderungen an Leistung und Funktionalität nicht innerhalb des geplanten Zeitrahmens erfüllen wird.

Abb. 16: Risikobeschreibung

Mit einer eindeutigen Risikobeschreibung ist es jederzeit allen Projektbeteiligten klar, worum es sich beim Risiko handelt und wie gross der daraus zu befürchtende Schaden sein kann. Ohne eine eindeutige Beschreibung wird das Risiko bald aus der Risikoliste gestrichen werden, da nicht mehr nachvollziehbar ist, worum es sich bei diesem handelt, oder es wird ein ähnliches Risiko aufgenommen, mit Überschneidung zum bestehenden.

Unser Beispielrisiko
„Die Akzeptanz bei den Projektmitarbeitern fehlt."

lautet beschrieben:

„Durch die Unerfahrenheit des Projektleiters in der Durchführung von Internetprojekten, besteht die Gefahr, dass die Akzeptanz des Projektleiters bei den Projektmitarbeitern fehlt und damit der Projekterfolg gefährdet ist."

3.8.4.3
Risiko bewerten

Sie verfügen über eine umfangreiche Liste beschriebener Risiken (den Risikokatalog). Es stellt sich Ihnen die Frage, gemäss welchen Kriterien die Risiken bewertet werden und wie entschieden wird, welche Risiken mit welcher Priorität weiter verfolgt oder gar aus dem Risikokatalog gestrichen werden.

Die Risiken werden nach zwei Kriterien bewertet:

- Eintrittswahrscheinlichkeit: Wie gross ist die Wahrscheinlichkeit, dass das Risiko im definierten Umfang eintritt.
- Tragweite: Wie gross ist der finanzielle Schaden, der durch den Eintritt des Risikos entsteht.

Aus diesen beiden Kriterien wird der Risikograd ermittelt.

Bewertung der Eintrittswahrscheinlichkeit:

Der Wert der Eintrittswahrscheinlichkeit kann auf Grund von Erfahrungswerten oder Hochrechnungen ermittelt werden.

Nehmen wir das oben aufgeführte Risiko der Kategorie personelle Risiken:

„Durch die Unerfahrenheit des Projektleiters in der Durchführung von Internetprojekten, besteht die Gefahr, dass die Akzeptanz des Projektleiters bei den Projektmitarbeitern fehlt und damit der Projekterfolg gefährdet ist."

Wie gross ist nun die Eintrittswahrscheinlichkeit dieses Risikos?

Da bei diesem Risiko innerhalb der Unternehmung keine Erfahrungswerte vorliegen, kann lediglich eine grobe Einschätzung erfolgen. Ein Bewertungsmassstab dient hier als Hilfe, wir empfehlen einen nicht allzu detaillierten Massstab zu verwenden. Wir bevorzugen ein einfaches, dreistufiges Modell:

- Stufe 1: Geringe Eintrittswahrscheinlichkeit
- Stufe 2: Mittlere Eintrittswahrscheinlichkeit
- Stufe 3: Hohe Eintrittswahrscheinlichkeit

Die Bewertung der Eintrittswahrscheinlichkeit in diese drei Stufen ist subjektiv und deshalb sehr abhängig von der Person, welche die Bewertung vornimmt.

Die besten Bewertungsresultate lassen sich bei einer Bewertung der beschriebenen Risiken durch mehrere unterschiedliche Personen erzielen. Aus diesen einzelnen Bewertungen kann die durchschnittliche Eintrittswahrscheinlichkeit berechnet werden. Beispielsweise aus 3 mal Bewertung „hoch" und 2 mal Bewertung „mittel" und einer Bewertung „gering" ergibt sich eine mittlere Eintrittswahrscheinlichkeit von „mittel".

Für unser Beispielsrisiko nehmen wir an, dass die Eintrittswahrscheinlichkeit bei „mittel" liegt.

Bewertung der Tragweite:

Zur Beurteilung der Tragweite wird immer die finanzielle Grösse des grösstmöglichen Schadens, verursacht durch den Eintritt des Risikos, berechnet.

Wie soll nun der Schaden unseres Beispielrisikos finanziell bewertet werden?

„Durch die Unerfahrenheit des Projektleiters in der Durchführung von Internetprojekten, besteht die Gefahr, dass die Akzeptanz des Projektleiters bei den Projektmitarbeitern fehlt und damit der Projekterfolg gefährdet ist."

Grundsätzlich lässt sich jeder Schaden in eine finanzielle Grösse umrechnen. Der dazu nötige Aufwand ist jedoch unterschiedlich. In unserem Fall kommen bei Risikoeintritt folgende Kosten auf die Unternehmung zu:

Der Schaden des Projekts lässt sich folgendermassen detaillieren:

• Falls der Projekterfolg gefährdet ist, wird nach drei Monaten der Projektleiter ersetzt. Bis ein neuer Projektleiter eingearbeitet ist und seine Aufgaben vollumfänglich wahrnehmen kann, dauert es weitere drei Monate. Da heisst, das Projekt läuft 6 Monate nicht optimal. Im schlechtesten Fall, von dem wir im Risikomanagement ausgehen, ist die Arbeit von 6 Monaten verloren. Das heisst, die getätigten Investitionen (Projektkosten) dieser 6 Monate sind verloren. Bei 5 Projektmitarbeitern und dem Projektleiter kommen wir auf rund 300.000 Euro an Personalaufwand. Nehmen wir an, in diesem Projekt sind bereits weitere Investitionen von 200.000 Euro an Sachkosten getätigt worden, die nicht mehr weiter verwendet werden können. Somit entstehen insgesamt Kosten von 500.000 Euro.

- Bei der Wirtschaftlichkeitsberechnung wurde davon ausgegangen, dass die zu realisierende Internetanwendung einen Ertrag von durchschnittlich 400.000 Euro pro Jahr erwirtschaften wird. Da die Lösung 6 Monate später auf den Markt gelangt, fehlen für die ersten 6 Monate die Erträge von demzufolge 200.000 Euro.

- Die Mitbewerber schlafen nicht und entwickeln ebenfalls eine gleichartige Anwendung. Es ist davon auszugehen, dass gewisse Kunden die neue Lösung möglichst schnell nutzen wollen und deshalb beim schnellsten Anbieter abschliessen. Dadurch gehen der Unternehmung gemäss Untersuchungen, die im Business Case eingeflossen sind, 200 Kunden verloren, die sich für längere, unbestimmte Zeit, nehmen wir an für ein Jahr, bei einem Mitbewerber eindecken. Bei einem durchschnittlichen Ertrag von 400 Euro pro Kunde und Jahr ergibt sich daraus ein Verlust von 200 Kunden à 400 Euro von 80.000 Euro.

Gesamthaft ergibt sich eine maximale Tragweite von 780.000 Euro.

Auch bei der Berechnung der Tragweite empfiehlt es sich, mehrere Personen in die Berechung einzubeziehen. Bei der Berechnung muss immer der schlechteste Fall angenommen werden. Um die Risiken besser verfolgen zu können, empfiehlt es sich, die Bewertung der Tragweite auch mittels dreistufigem Modell vorzunehmen:

- Stufe 1: Geringe Tragweite (Schaden < 200.000 Euro)
- Stufe 2: Mittlere Tragweite (Schaden < 1.000.000 Euro)
- Stufe 3: Hohe Tragweite (Schaden ≥ 1.000.000 Euro)

Unser Risiko teilen wir in die Stufe 2, mittlere Tragweite (780.000 Euro), ein.

Bestimmung des Risikogrades:

Sie haben für sämtliche Risiken die Eintrittswahrscheinlichkeit und die Tragweite bestimmt. Es stellt sich die Frage, welches sind nun die kritischen Risiken, denen Sie grosse Aufmerksamkeit schenken müssen.

Den Grad eines Risikos nennen wir Risikograd. Dieser ergibt sich aus der Eintrittswahrscheinlichkeit und der Tragweite.
Wir unterscheiden 3 Risikograde:

- Risikograd 1: Massnahmen dieser Risiken müssen mit höchster Dringlichkeit umgesetzt werden und das Risikocontrolling ist streng zu führen.

- Risikograd 2: Massnahmen dieser Risiken werden geplant und vorbereitet, jedoch nicht oder nur teilweise umgesetzt. Das Risikocontrolling wird regelmässig mit dem Projektcontrolling durchgeführt.

- Risikograd 3: Es werden keine Massnahmen zur Minimierung des Risikogrades definiert. Das Risikocontrolling wird regelmässig mit dem Projektcontrolling durchgeführt.

Die folgende Grafik zeigt, wie aus der Eintrittswahrscheinlichkeit und aus der Tragweite der Risikograd bestimmt wird:

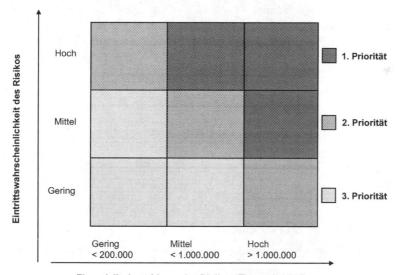

Abb. 17: Matrix zur Bestimmung des Risikogrades

Beispiel einer Risikograd-Bestimmung anhand unseres Risikos:

„Durch die Unerfahrenheit des Projektleiters in der Durchführung von Internetprojekten besteht die Gefahr, dass die Akzeptanz des Pro-

```
jektleiters bei den Projektmitarbeitern fehlt
und damit der Projekterfolg gefährdet ist."
Eintrittswahrscheinlichkeit: mittel
Tragweite: mittel (780.000 Euro)
```

Daraus ergibt sich ein Risikograd Priorität 2. Das heisst, wir planen Massnahmen zur Minimierung des Risikogrades und kontrollieren den Stand des Risikos im Rahmen des Projektcontrollings.

3.8.4.4
Frühwarnsystem festlegen

Sämtliche Risiken Ihres Projektes sind beschrieben und bewertet. Im vorgängigen Kapitel haben wir vom Risikocontrolling gesprochen. Jetzt stellt sich für Sie die Frage, wie beobachten Sie sinnvollerweise die Risiken und woran merken Sie, wenn sich die Eintrittswahrscheinlichkeit erhöht.

Pro Risiko muss definiert werden, wie sich die Erhöhung der Eintrittswahrscheinlichkeit äussert. Da sich der Eintritt von Risiken meist nicht offensichtlich ankündigt, sind Massnahmen festzulegen, durch deren Umsetzung sichergestellt ist, dass ein möglicher Risikoeintritt frühzeitig erkannt werden kann.
  Der mögliche Eintritt unseres Beispielrisikos

```
„Unerfahrenheit des Projektleiters"
```

kann an folgenden Merkmalen erkannt werden:

* Der Projektfortschritt gerät in Rückstand.

* Die Qualität der Arbeiten entspricht nicht den Vorgaben.

* Die Kosten überschreiten den Planwert.

* Die Termine und Meilensteine können nicht eingehalten werden.

* Im Projektteam treten Konflikte auf.

* Die Motivation der Teammitarbeiter verschlechtert sich.

* Die Leistung der einzelnen Teammitarbeiter sinkt.

* Die Zusammenarbeit mit dem Auftraggeber ist spannungsgeladen.

* Die Zusammenarbeit mit Lieferanten ist konfliktbeladen.

Die einzelnen Merkmale können in Kombination und abhängig voneinander vorkommen.

Mögliche Massnahmen zur frühzeitigen Erkennung dieser Merkmale sind:

- Kostenverlauf und Kostenerwartung.
- Beurteilung der Beziehung des Projektleiters zu den Mitgliedern des Steuerungsausschusses anlässlich der periodischen Sitzungen.
- Beurteilung der Projektteammotivation und erkennen von Konfliktpotential im Team durch das Führen von Gesprächen mit den Mitarbeitern.
- Beurteilung der Beziehung zu den Lieferanten durch periodische Gespräche mit den Lieferanten.
- Projektsteuerungsausschuss verlangt monatlichen Statusbericht und kontrolliert 4 Eckwerte.

Diese 4 Eckwerte sind:

- Kostenverlauf
- Termineinhaltung
- Arbeitsfortschritt
- Qualität der Arbeiten

Die Massnahmen tönen recht umfangreich und es stellt sich die Frage, ob die Glaubwürdigkeit und Akzeptanz des Projektleiters bei seinen Mitarbeitern durch die Umsetzung der Massnahmen nicht noch weiter in Mitleidenschaft gezogen werden.

Da es sich um ein Risiko mit Risikograd „mittel" handelt, müssen nicht zwingend alle Massnahmen umgesetzt werden. Von den definierten Massnahmen sind die Massnahmen „Verlangen des Statusberichts" und „Beurteilung des Verhältnisses zwischen dem Projektleiter und den Mitgliedern des Steuerungsausschusses" keine Zusatzmassnahmen, sondern werden im Rahmen des Projektcontrollings so oder so verlangt.

Das heisst, anhand des Statusberichts und der Steuerungsausschusssitzungen lässt sich feststellen, ob sich die Eintrittswahrscheinlichkeit erhöht.

Sobald sich die Eintrittswahrscheinlichkeit auf Grund des Statusberichts auf „hoch" erhöht hat, verändert sich der Risikograd auf „1. Priorität". Erst jetzt werden auch die anderen Massnahmen, die ihren Schwerpunkt in der Durchführung von Gesprächen mit Mitarbeitern und Lieferanten haben, umgesetzt.

Es handelt sich bei der Umsetzung der Massnahmen zur frühzeitigen Erkennung des Risikoeintritts nicht um Massnahmen zur Reduktion des Risikograds.

3.8.4.5
Massnahmen festlegen

Sie haben sämtliche Risiken Ihres Projektes beschrieben und bewertet und ein Frühwarnsystem ist initialisiert. Jetzt geht es darum, zu entscheiden, welche Risiken durch die Unternehmung getragen werden können und für welche Risiken Massnahmen zur Reduktion der Eintrittswahrscheinlichkeit und der Tragweite definiert, geplant und umgesetzt werden müssen.

Es handelt sich um den wichtigsten Schritt des Risikomanagements, nämlich um die bewusste Entschärfung von Risiken durch geeignete Massnahmen.

Welche Risiken können durch die Unternehmung getragen werden:

Ob ein Risiko durch die Unternehmung getragen werden kann oder ob Massnahmen zur Reduktion des Risikogrades definiert werden müssen, hängt einerseits von der Tragweite des Risikos und andererseits von den Kosten der Massnahmen ab. Die Tragweite als finanzielle Grösse haben wir bereits für jedes Risiko festgelegt, was jedoch noch fehlt, sind die Kosten der Massnahmen.

Erst wenn diese bestimmt sind, kann festgestellt werden, ob die Kosten der Massnahmen höher oder annähernd so hoch sind wie die Kosten des durch den Risikoeintritt zu erwartenden Schadens.

Diese beiden Kostenfaktoren müssen einander gegenübergestellt werden. Sind die Kosten der risikominimierenden Massnahmen höher als diejenigen des zu erwartenden Schadens, so kann das Risiko eingegangen werden. Hier gilt es, zu berücksichtigen, dass es sich um eine rein finanzielle Sicht handelt. Als Entscheidungsgrundlage sind allenfalls auch ethische Grundsätze heranzuziehen.

In den folgenden zwei Kapiteln wird die Definition, Planung und Umsetzung von Massnahmen erläutert.

Präventivmassnahmen

Präventive Massnahmen sind Massnahmen, welche die Eintrittswahrscheinlichkeit eines Risikos herabsetzen.

Mögliche präventive Massnahmen zur Minimierung der Eintrittswahrscheinlichkeit unseres Beispielrisikos

„Unerfahrenheit des Projektleiters":

- Dem Projektleiter einen Coach (extern oder intern) zur Seite stellen.
- Mitglieder des Steuerungsausschusses unterstützen den Projektleiter im operativen Projektmanagement.
- Ein Projektmitarbeiter unterstützt den unerfahrenen Projektleiter offiziell bei den fachlichen Entscheiden.
- Schulung des Projektleiters in fachlichen Themen, damit dieser die Sprache der Projektmitarbeiter erlernt.

Alternativmassnahmen

Alternative Massnahmen sind Massnahmen, welche die Tragweite eines Risikos herabsetzen. Diese Massnahmen sind als Versicherung zu verstehen. Die Wirkung dieser Massnahmen kommt erst nach dem Schadenseintritt zum Zug.

Mögliche alternative Massnahmen zur Herabsetzung der Höhe des Schadens nach Eintritt der Folgen unseres Beispielrisikos

„Unerfahrenheit des Projektleiters":

- Vorbereitung einer Marketingaktion, wie die Kunden ohne die versprochene Internetlösung gebunden werden können (z.B. ein Mailing).
- Den Kunden die Internetlösung erst ankünden, wenn die Eintrittswahrscheinlichkeit des Risikos auf „gering" zurückgestuft werden kann.
- Vorbereitung von Mitarbeitern im Fachbereich, die die Last von Kundenanfragen bei einer 6-monatigen Verspätung der Internetlösung abfangen können.
- In der Informatik genügend personelle Ressourcen für eine schnellere Umsetzung bereithalten (evtl. können diese bei einem anderen Projekt für eine gewisse Zeit abgezogen werden).

Auswahl der Massnahmen

Nach der Definition der Massnahmen verfügen Sie über einen umfangreichen Massnahmenkatalog. Es stellt sich für Sie die Frage, welche Massnahmen Sie mit welcher Priorität umsetzen. Es muss ebenfalls definiert werden, in welcher Form die Massnahmen geplant, die Umsetzung gesteuert und das Resultat der Arbeiten kontrolliert werden soll.

Erster Schritt:
Die Massnahmen werden auf Grund des Risikogrades des Risikos umgesetzt:

- Die Massnahmen zur Minimierung des Risikogrades von Risiken mit der Priorität 1 werden sofort geplant und umgesetzt.

- Die Massnahmen zur Minimierung des Risikogrades von Risiken der Priorität 2 werden geplant, aber noch nicht umgesetzt.

- Die Massnahmen zur Minimierung des Risikogrades von Risiken der Priorität 3 werden weder geplant noch umgesetzt.

Zweiter Schritt:
Die Massnahmen werden nach dem Grad der Minimierung der Eintrittswahrscheinlichkeit oder der Tragweite geprüft. Es werden mit erster Priorität diejenigen Massnahmen angegangen, die das grösste Kosten-Nutzen-Verhältnis ergeben. In diesem Fall besteht der Nutzen in der Differenz zwischen der Minimierung des Risikogrades und den Kosten, die zur Umsetzung der Massnahmen getätigt werden müssen.

Der Entscheid, welche Massnahmen umgesetzt werden, liegt beim Projektleiter, sofern er über die entsprechenden Befugnisse verfügt, oder beim Steuerungsausschuss bzw. beim Verantwortlichen für das Vorhaben.

Von den definierten Massnahmen für unser Risiko

„Unerfahrenheit des Projektleiters"

weisen folgende Massnahmen das beste Kosten-Nutzen-Verhältnis auf, das heisst, erreichen mit möglichst wenig finanziellem Aufwand die grösste Reduktion des Risikogrades:

Präventivmassnahmen:

- Mitglieder des Steuerungsausschusses unterstützen den Projektleiter im operativen Projektmanagement.
- Ein Projektmitarbeiter unterstützt den unerfahrenen Projektleiter offiziell bei den fachlichen Entscheiden.

Alternativmassnahmen:

- Den Kunden wird die Internetlösung erst angekündigt, wenn die Eintrittswahrscheinlichkeit des Risikos auf „gering" zurückgestuft werden kann.
- Mitarbeiter im Fachbereich werden darauf vorbereitet, die Last von Kundenanfragen bei einer 6-monatigen Verspätung der Internetlösung abfangen zu können.
- In der Informatik werden genügend personelle Ressourcen für eine schnellere Umsetzung bereitgehalten (evtl. können diese bei einem anderen Projekt für eine gewisse Zeit abgezogen werden).

Die aufgeführten Massnahmen können ohne oder mit sehr kleinen finanziellen Aufwendungen umgesetzt werden und führen sämtliche zur Reduktion des Risikogrades. Abhängigkeiten zwischen den Massnahmen bestehen nicht.

Planung, Steuerung und Kontrolle der Umsetzung der Massnahmen: Die ausgewählten Massnahmen werden mit den anderen Projekttätigkeiten geplant. Das heisst, es existiert kein Unterschied zwischen der Planung von „normalen" Projektaktivitäten und Aktivitäten, entstanden aus Massnahmen der Risikoanalyse.

Auch die Steuerung und die Kontrolle der Aktivitäten erfolgt zusammen mit den anderen Projekttätigkeiten.

Von den definierten Massnahmen für unser Risiko

„Unerfahrenheit des Projektleiters"

heisst dies zum Beispiel:
Die Präventivmassnahme:

„Den Kunden die Internetlösung erst ankünden, wenn die Eintrittswahrscheinlichkeit des Risikos auf „gering" zurückgestuft werden kann."

Die Aktivität ist bereits geplant, wird jedoch entsprechend im Umsetzungsplan verschoben.

Die Alternativemassnahme:

„In der Informatik genügend personelle Ressourcen für eine schnellere Umsetzung bereithalten (evtl. können diese bei einem anderen Projekt für eine gewisse Zeit abgezogen werden)."

Die Aktivität der Anfrage bei anderen Projekten oder beim Projektportfolio nach personellen Ressourcen, die nach Schadenseintritt eingesetzt werden können, ist in die Umsetzungsplanung aufzunehmen.

Um die Massnahmen in der Projektplanung berücksichtigen zu können, ist es wichtig, die Risikoanalyse als festen Bestandteil der Projektplanung durchzuführen. Nur so kann sichergestellt werden, dass die Massnahmen aus der Risikoanalyse nicht den gesamten Projektplan auf den Kopf stellen.

3.8.4.6
Verantwortung bestimmen

Der Risikokatalog ist fertig erstellt. Sie sind als Projektleiter konfrontiert mit einigen Risiken und müssen nun sicherstellen, dass die Umsetzung der definierten Massnahmen die entsprechende Wirkung, nämlich die Reduktion des Risikogrades, erzielen.

Ebenfalls müssen die Eintrittswahrscheinlichkeit und die Tragweite sowie der daraus resultierende Risikograd regelmässig beurteilt werden. Bei Risiken erster Priorität ist ein strengeres Controlling nötig als bei Risiken mit den Prioritäten zwei und drei.

Das bedeutet für Sie einen erheblichen Mehraufwand oder eine Überforderung bei der Beurteilung der technischen Risiken, die nur mit entsprechendem Fachwissen beurteilt werden können.

Teilen Sie jedes Risiko einem Eigner zu, der für die Beobachtung des Risikos und die Umsetzung der entsprechenden minimierenden Massnahmen verantwortlich ist.

Sie als Verantwortlicher für das Risikomanagement delegieren das Risikomanagement den einzelnen Risikoverantwortlichen. Sie tragen periodisch die Beurteilung der Risiken zusammen und sind für die Bewilligung von neuen Massnahmen und die Aufnahme und Planung allfälliger neuer Risiken verantwortlich.

Mit anderen Worten: „Sie sind dafür verantwortlich, dass es geschieht".

Periodisch machen Sie sich Gedanken zu neuen Risiken. Mit diesem Punkt beginnt der Kreislauf des Risikomanagement-Prozesses wieder von Neuem bei der Ermittlung von Risiken.

3.8.4.7
Risiken dokumentieren

Die Risiken werden am besten tabellarisch aufgelistet. Die Massnahmen zur Reduktion des Risikogrades werden in der Projektplanung geführt.

Die tabellarische Auflistung kann folgendermassen gestaltet sein:

Risikoplan				Projekt:		Datum:	
				Risikomanager:		Autor:	
N r	Bezeichnung	Beschreibung		Bewertung			Frühwarnung	Massnahmen		Verant- wortung
		Ursache	Schaden	E W	T W	R G		Präventiv	Alternativ	

EW: Eintrittswahrscheinlichkeit
TW: Tragweite
RG: Risikograd

Abb. 18: Erfassungsraster für Risiken

Vorlagen: Präsentation Risikoplanung. pot und Risikomanagement.xlt

Nach jeder Änderung wird eine neue Version mit entsprechend angepasstem Datum abgelegt. Die Risikodokumentation ist ein Bestandteil der Projektplanung.

Sie präsentieren dem Steuerungsausschuss zusammen mit dem Projektstatusbericht den gesamten Risikoplan. Die Mitglieder des Steuerungsausschusses beklagen sich bei Ihnen über den grossen Dokumentenumfang, der vor jedem Steuerungsausschussmeeting bewältigt werden muss.

Damit dem periodischen Statusbericht des Projekts nicht jedes Mal die komplette Risikoplanung beigelegt werden muss, konzentrieren Sie sich auf die Risiken mit dem Risikograd „1. Priorität", das heisst auf die kritischen Risiken. Somit kann sich der Steuerungsausschuss auf ein paar wirklich kritische Risiken konzentrieren.

Die anderen Risiken dürfen aber auf keinen Fall vernachlässigt werden. Es besteht ja die Möglichkeit, dass sich der Risikograd eines Risikos von „Priorität 2" auf „Priorität 1" verändert. Auch das Umgekehrte wird regelmässig der Fall sein: Risiken der Priorität 1 können auf Priorität 2 oder 3 zurückfallen.

3.8.4.8
Umsetzung der Massnahmen überwachen

Die Massnahmen zur Minimierung der Risikograde sind in der Umsetzung. Die Verantwortung für die Risiken ist den Risiko-Eignern zugeteilt, welche die Risiken überwachen. Wie können die Risiko-Eigner die Risiken überwachen, wenn sie nicht gleichzeitig die Umsetzung der Massnahmen überwachen?

Die Umsetzung der Massnahmen wird im Rahmen der Projektumsetzung durchgeführt. Der Projektleiter kontrolliert die Umsetzungsergebnisse und damit auch die definierten Massnahmen des Risikomanagements. Weicht die Umsetzung der Massnahme von der Planung ab, leitet der Projektleiter entsprechende Massnahmen ein.

Der Risiko-Eigner informiert sich über den Stand der Umsetzung der Massnahmen beim Projektleiter oder entnimmt den Stand dem aktuellen Projektstatus.

3.8.5
Zeitpunkt der Risikoanalyse

Bis jetzt haben wir von der erstmaligen Risikoanalyse sowie der Definition und Umsetzung von Massnahmen gesprochen.

Jetzt stellt sich die Frage, ob die Risikoanalyse mehr als einmal durchgeführt werden soll und wenn ja, wie oft und zu welchem Zeitpunkt sie wiederholt werden muss.

Folgendes Statement soll dies verdeutlichen:

> **Kontinuierliches Risikomanagement ist eine Disziplin zur proaktiven Entscheidungsfindung, um:**
>
> - **fortlaufend zu bewerten, was schief gehen könnte,**
> - **festzustellen, welche Risiken vordringlich gehandhabt werden müssen,**
> - **Strategien zu entwickeln, um mit diesen Risiken umzugehen.**

Daraus geht hervor, dass das Risikomanagement eine permanente Aufgabe während der Umsetzung eines Projekts darstellt.

Warum hat permanentes Risikomanagement einen solch hohen Stellenwert:

- Der Risikograd der Risiken kann sich permanent ändern.
- Durch neue Umstände, wie zum Beispiel neue Anforderungen oder Änderung von Anforderungen, können neue Risiken entstehen und bestehende Risiken entfallen.
- Risiken können eintreten, ohne dass dies im ersten Augenblick offensichtlich wird.

Gründe für die Änderung des Risikogrades können sein:

- Die definierten und umgesetzten Massnahmen zeigen Wirkung.
- Rahmenbedingungen oder Restriktionen können sich ändern.
- Das Risiko entfällt durch Änderung des Auftrags oder Abschluss gewisser Projektaktivitäten.
- Die Projektumsetzung schreitet gemäss Planung voran, was die Beurteilungsgrundlage der Risikoanalyse stetig ändert.

Wir empfehlen, die Risikoanalyse erstmals in der Planungsphase des Projekts und anschliessend einmal pro Monat durchzuführen. Die Analyse wird auch bei der wiederholten Durchführung nicht alleine durch den Projektleiter, sondern durch ein Team, bestehend aus dem Projektleiter und mindestens den Risiko-Eignern durchgeführt.

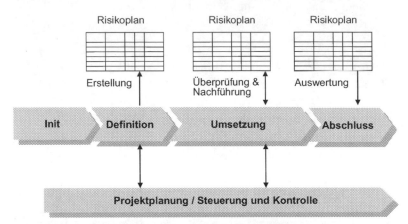

Abb. 19: Permanentes Risikomanagement

Die Durchführung periodischer Risikoüberprüfung wird sinnvollerweise in die Planungsrunde des Projekts integriert. So ist der Link vom Risikomanagement zum Stand der Umsetzung der risikominimierenden Massnahmen sichergestellt.

Sie präsentieren die Risikoliste anlässlich des monatlich stattfindenden Steuerungsausschusses. Sie stellen Desinteresse an der Liste bei den Teilnehmern fest. Entweder fehlt das Verständnis für die Risikoplanung oder es haben sich Ermüdungserscheinungen eingestellt. Sie fragen sich, ob es noch zu verantworten ist, ein Projekt zu leiten, in dem sich das steuernde Gremium nicht mehr für die Risikoplanung interessiert.

Grundsätzlich geht es nicht darum, möglichst viele und umfassende Risiken aufzuzeigen, sondern es geht darum, die Massnahmen zur Minimierung der Eintrittswahrscheinlichkeit bzw. der Tragweite der Risiken zu definieren und umzusetzen. Solange Sie die Massnahmen und die daraus resultierenden Termin-, Kosten- und Qualitätsfolgen bewilligt bekommen, müssen Sie sich keine Sorgen über das Desinteresse an der Risikoplanung machen. Das heisst, in einer solchen Situation finden Sie den Zugang zum Steuerungsgremium nicht über die Risikoplanung, sondern über die Massnahmen, die Sie zur Umsetzung beantragen. Bei der Beantragung von Massnahmen unterscheiden wir zwei Argumentationswege:

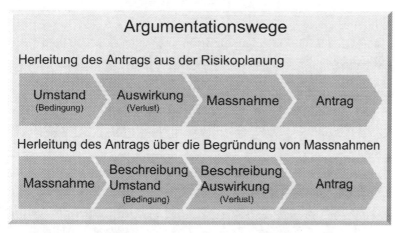

Abb. 20: Beantragen von Massnahmen

- Herleitung des Antrags aus der Risikoplanung: Dies ist der übliche Weg. Sie erläutern das Risiko, das heisst, die Bedingung, die zu einem bestimmten Verlust führen könnte. Das Risiko ist in der Risikoplanung aufgeführt. Die Massnahmen zur Minimierung der Risiken und die daraus resultierenden Kosten-, Termin- und Qualitätsfolgen zeigen Sie auf und beantragen die Umsetzung der Massnahme.

- Herleitung des Antrags aus den Massnahmen. Bei diesem Vorgehen präsentieren Sie zuerst die Massnahmen, die Sie umsetzen wollen. Um einen positiven Entscheid bewirken zu können, müssen Sie begründen, warum Sie diese Massnahmen umsetzen wollen. In der Begründung argumentieren Sie mit der Beschreibung des Umstandes und der daraus resultierenden Auswirkung, die durch die Massnahme eliminiert oder zumindest verkleinert wird.

Beide Vorgehen verfolgen das gleiche Ziel, die erste stellt das Risiko in den Vordergrund und die zweite die Massnahme mit der entsprechenden Begründung. Wir sind sicher, dass die eine oder andere Argumentationstechnik erfolgreich sein wird. Falls trotzdem der Steuerungsausschuss nicht auf die Umsetzung der Massnahmen eingehen will, müssen Sie sich überlegen, ob Sie als Projektleiter das Projekt trotzdem mit gutem Gewissen durchführen können oder nicht. Im negativen Fall müssen Sie eine Niederlegung des Projektmandates ins Auge fassen.

3.8.6
Risikocontrolling

Das Risikocontrolling findet zusammen mit dem Projektcontrolling statt. Folgende Grafik zeigt den Zusammenhang zwischen dem Risikomanagement und dem Projektmanagement auf.

- Risikoplan: Prüfung, ob sich der Risikograd verändert, ob neue Risiken vorhanden sind oder ob Risiken entfallen. Die Resultate werden im Risikoplan festgehalten.

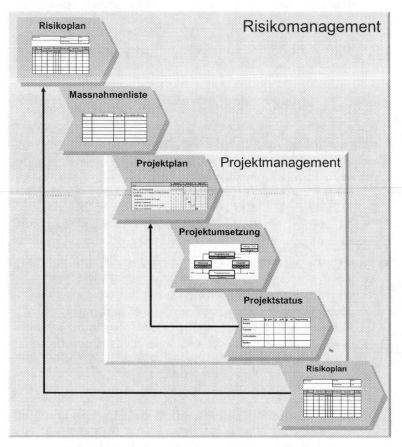

Abb. 21: Risikomanagement und Projektmanagement

- Massnahmenliste: Die definierten Massnahmen zur Reduktion des Risikogrades der einzelnen Risiken werden in einer Massnahmenliste zusammengefasst.

- Projektplan: Die dringlichsten Massnahmen mit dem besten Kosten-Nutzen-Verhältnis werden in die Projektplanung aufgenommen.

- Projektumsetzung: Die Massnahmen werden gemäss Projektplan umgesetzt.

- Projektstatus: Der Status der Umsetzung der Massnahmen wird im periodischen Statusbericht festgehalten, um Abweichungen zum Projektplan entgegenzuwirken, werden entsprechende Massnahmen getroffen. Diese Massnahmen fliessen wieder in die Projektsteuerung ein.

- Risikoplan: Prüfung des Risikogrades unter Berücksichtigung des Status der Umsetzung der geplanten Massnahmen. Ebenfalls wird geprüft, ob neue Risiken vorhanden sind, ob zusätzliche Massnahmen geplant werden müssen oder ob Risiken entfallen. Die Resultate werden im Risikoplan festgehalten.

Massnahmen, um Abweichungen im Projektplan entgegenzuwirken, können sein:

- Anpassung des Ressourcenplans: Einsatz zusätzlicher interner oder externer Ressourcen prüfen.

- Ändern von Prioritäten: Vorziehen bzw. Zurückstellen von anderen Vorgängen.

- Anpassung des Ablaufplans: Ändern der Abhängigkeiten und der Reihenfolge von Vorgängen.

- Anpassung des Kostenplans: Durch den Einsatz zusätzlicher Ressourcen ändert sich der Kostenplan.

- Anpassung des Informations- und Kommunikationsplans: Verschiedene Abweichungen vom Projektplan können durch entsprechende Informations- und Kommunikationsmassnahmen korrigiert werden.

Risikomanagement und Projektmanagement gehen Hand in Hand. Deshalb ist wichtig, dass beide Tätigkeiten durch die gleiche Person oder in grösseren Vorhaben durch den gleichen Personenkreis ausgeführt werden. Dabei ist zu betonen, dass der Projektleiter sicherstellen muss, dass Risikomanagement betrieben wird, er muss jedoch nicht alles selber erledigen. Wie bereits beschrieben, kann er die einzelnen Risiken einem Verantwortlichen zuordnen, der das oder die zugeteilten Risiken laufend beobachtet und die Eintrittswahrscheinlichkeit abschätzt. Der Projektleiter ist für das Zusammentragen sämtlicher Risiken verantwortlich. In grösseren Projekten kann er auch diese Aufgabe delegieren und sich lediglich eine Zusammenstellung der Risiken präsentieren lassen.

3.8.7
Risiko-Kommunikation und -Eskalation

Sie stehen in der Situation, dass Sie vom Risikomanagement überzeugt sind und die Vorteile dieser Methode erkennen. Leider existiert auf Seiten des Auftraggebers keine Risikokultur. Sie stossen mit Ihren Methoden auf Widerstand. Es geht sogar so weit, dass der Auftraggeber Sie auffordert, kein Risikomanagement zu betreiben, die Kosten dafür sind ihm zu hoch.

Es gibt auch hier verschiedene Ansätze, um doch erfolgreich zu sein:

- Mittels Stakeholderanalyse suchen Sie Verbündete, die einen entsprechenden Einfluss auf den Auftraggeber ausüben können. Dies ist ein sehr sensibler Bereich. Der Auftraggeber darf zu keinem Zeitpunkt den Eindruck erhalten, er werde hintergangen oder umgangen, und es darf auch nicht geschehen, dass ihm von vorgesetzter Stelle Vorschriften gemacht werden.

- Versuchen Sie ebenfalls, darauf hinzuwirken, dass Mitarbeiter auf Auftraggeberseite im Bereich Risikomanagement eine entsprechende Ausbildung erhalten. So kann sich auf Auftraggeberseite eine Risikokultur bilden, die sich schlussendlich auch auf Ihren Auftraggeber auswirken wird.

- Falls Sie keine Möglichkeit sehen, den Auftraggeber zu beeinflussen, streichen Sie das Thema Risikomanagement aus Ihrem Wortschatz. Führen Sie trotzdem Risikoanalysen durch. Argumentieren Sie jedoch nicht über die Risiken, sondern über die risikominimierenden Massnahmen, die sich aus dem Risikomanagement ergeben. Beantragen und planen Sie die Umsetzung der Massnahmen entsprechend.

Das Fazit daraus ist: Risikomanagement ist nicht nur eine Frage der Technik, sondern der Unternehmenskultur. Das bedeutet, Risikomanagement kann in einer Unternehmung nur aktiv betrieben werden, wenn das Management den Nutzen dieser Technik anerkennt und dadurch auch Unterstützung anbietet.

Sie sind als Projektleiter verantwortlich für die Einführung eines neuen Mailsystems. Der Auftraggeber, der neue Leiter Informatik, kommt aus einer Unternehmung, die auf den Einsatz von Open-Source-Software schwört. Aus diesem Grund ist er erstaunt über die hohen finanziellen Aufwendungen für Lizenzkosten. Als Erstes will er das bestehende Mailsystem durch ein neues Open-Source-System, ablösen und damit die Kosten für Mail-Lizenzen minimieren. Sie haben zusammen mit Ihrem Projektteam die Risikoanalyse durchgeführt und haben festgestellt, dass der Wechsel auf ein anderes Mailsystem erstens wirtschaftlich nicht vertretbar ist und zweitens hohe Risiken birgt. Sie haben die Ergebnisse Ihrer Analyse zusammengefasst und dem Leiter Informatik präsentiert. Dieser zeigt sich wenig interessiert an der Analyse und beharrt weiterhin auf der möglichst schnellen Umsetzung des Projekts.

Da in dieser Situation eine Diskussion, basierend auf sachlichen Aspekten, kaum erfolgreich sein wird, sehen wir folgende Ansatzmöglichkeiten:
Machen Sie eine Stakeholderanalyse. Finden Sie damit heraus, wer den Leiter Informatik nachhaltig beeinflussen kann und gleichzeitig empfänglich für Ihre Analyse ist. Falls Sie einen Stakeholder finden, der sie unterstützt, suchen Sie das Gespräch mit ihm und gewinnen Sie ihn für Ihr Anliegen, den Leiter Informatik vom Wechsel des Mailsystems abzubringen. Dies ist ein sehr sensibles Unterfangen. Der Leiter Informatik darf zu keinem Zeitpunkt den Eindruck erhalten, umgangen zu werden. Es darf ihm auch nicht von einer höheren Stelle diktiert werden. Damit hätten Sie es für immer mit dem Leiter Informatik verspielt und Sie würden, solange er in seinem Amt ist, ein schweres Leben haben.

Eine weitere Möglichkeit ist, geeignete Beispiele zu finden, die belegen, dass ein Wechsel in der geplanten Art nicht den entsprechenden Erfolg bringen kann:

- Repräsentative Studien
- Erfahrungsberichte andere Unternehmen
- Beizug eines externen anerkannten Beratungsunternehmens mit Erfahrungsausweis in diesem Gebiet

Falls der Leiter Informatik, trotz der eingeleiteten Massnahmen, nicht von seiner Idee, das Mailsystem durch eine Open-Source-Lösung abzulösen, abzubringen ist, müssen Sie sich überlegen, was dies für Sie bedeutet:

- Sie können mit den ausgewiesenen Risiken umgehen und diese durch die Beantragung von entsprechenden risikominimierenden Massnahmen in einem für Sie vertretbaren Rahmen halten.

- Sie können mit den Risiken nicht umgehen und haben nicht den Glauben an eine erfolgreiche Umsetzung des Projekts. In diesem Fall legen Sie das Projektmandat nieder.

Die Annahme eines Projektmandates, bei dem Sie mit den Risiken nicht umgehen können, ist nie eine mögliche Variante. Damit werden Sie nicht erfolgreich sein. Das Motto lautet: Der Projektleiter steht zu 100 % hinter den Projektzielen und ist überzeugt davon, diese mit der Planung von entsprechenden begleitenden Massnahmen erfolgreich zu Ende führen zu können.

3.8.8
Risiko versus Chance

In den vergangenen Kapiteln haben wir viel zum Thema Risikomanagement erfahren. Es stellt sich nun die Frage, warum gehen wir eigentlich diese Risiken ein. Wäre es nicht sinnvoll, auf die Durchführung von Vorhaben mit Risikopotential zu verzichten.
Wir haben gelernt, dass es sich bei Projekten um einmalige Vorhaben handelt. Daraus lässt sich folgender Schluss ableiten: Es gibt keine einmaligen Vorhaben, die keine Risiken bergen. Diese Aussage führt zur Erkenntnis: Ein Projekt, das keine Risiken birgt, ist kein Projekt.
Somit wissen wir, dass jedes Projekt Risiken birgt und dass es gilt, diese zu bewerten und entsprechende Gegenmassnahmen zu treffen.
Dabei darf nicht vergessen werden, ein Projekt birgt nicht nur Risiken, sondern hat auch das Potential für Chancen. Wie bei den Risiken gilt auch bei den Chancen: Ein Projekt, das kein Chancenpotential aufweist, ist kein Projekt.
Somit gilt:

- Risiko und Chance gehen Hand in Hand!

- Die Chance von Leistungssteigerung kann nicht ohne Eingehen von Risiken wahrgenommen werden!

Fazit: Wer nicht bereit ist, Risiken einzugehen, entwickelt sich und seine unmittelbare Umgebung nicht weiter. Aber wir sind gut beraten, die Risiken entsprechend dem Risikograd zu managen.

3.9
Planung, Steuerung und Kontrolle

Im Kapitel 2.2 haben wir den Projektregelkreis kennen gelernt. Der Projektregelkreis umfasst drei Hauptgebiete:

- Projektplanung
- Projektsteuerung
- Projektkontrolle

In den folgenden Kapiteln werden wir beleuchten, wie sich die drei Gebiete auf den Erfolg von Projekten auswirken, und dies mit ein paar Situationen und Lösungsvorschlägen untermauern.

3.9.1
Die Projektplanung

Die Projektplanung besteht aus verschiedenen Elementen:

- Projektstruktur
- Ablaufplanung
- Qualitätsplanung
- Einsatzmittelplanung
- Organisationsplanung
- Kosten- und Budgetplanung
- Informations-, Kommunikations- und Dokumentationsplanung

Vorlage:
Word Template
Dateiname:
Projekt-
planung.dot

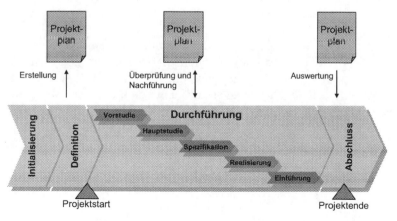

Abb. 22: Zeitpunkt der Projektplanung

In den folgenden Kapiteln gehen wir auf die einzelnen Planungselemente ein.

Zuerst müssen wir uns aber im Klaren darüber sein, wann im Projektablauf die Projektplanung durchgeführt wird.

Das erste Mal wird der Projektplan in der Definitionsphase des Projekts erstellt. Wir erinnern uns, das Projekt ist von der Geschäftsleitung zur Umsetzung freigegeben worden und der Projektleiter erstellt die Projektplanung. Die Projektplanung ist Input für den Projektauftrag, der die Vereinbarung zwischen dem Projektleiter und dem Auftraggeber darstellt.

Nachdem der Projektauftrag mit dem Auftraggeber vereinbart ist, startet die Projektdurchführung.

Der Projektplan ist kein Dokument, das einmalig erstellt und anschliessend archiviert wird, sondern ein Dokument, das sich laufend verändernden Gegebenheiten anpasst. Er bildet die Schaltstelle des Projekts. Getroffene Massnahmen aus Kontrollergebnissen sowie aus Veränderungen, verursacht durch Changes oder veränderte Rahmenbedingungen, fliessen in den Projektplan ein. Dabei ist zu beachten, dass die Veränderung des Projektplans immer nachvollziehbar sein muss. Es muss rückwirkend für jeden Zeitpunkt im Projekt der damals aktuelle Projektplan zur Verfügung stehen. Nur so ist es möglich, den Projektverlauf zu kontrollieren und sicherzustellen, dass das Endergebnis mit der ursprünglich vereinbarten Planung verglichen wird und nicht mit einem bereits angepassten Zwischenstand.

In der Praxis hat sich bewährt, den Projektplan mindestens einmal pro Monat mit den Projektergebnissen abzugleichen. Dieser Abgleich ergibt ausserdem den aktuellen Status des Projekts (Soll-Zustand minus Ist-Zustand). Die Erstellung des Statusberichts sowie die Nachführung (sofern angebracht) des Projektplans erfolgen miteinander.

Beim Projektabschluss wird die Planung ebenfalls geschlossen. Sie dient in dieser Phase als Vergleich zwischen dem Soll-Zustand (was war bei Projektstart geplant) mit dem tatsächlich erreichten Resultat. Auch der Planungsverlauf kann zur Beurteilung des Projektverlaufs herangezogen werden.

Jetzt stellt sich die Frage, über welchen Zeitraum wir die Projektplanung erstellen:

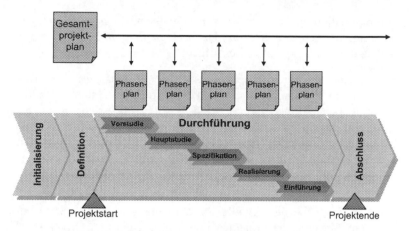

Abb. 23: Phasenplanung und Gesamtprojektplanung

Wie bereits erwähnt, wird am Anfang des Projekts eine Projektplanung über den gesamten Projektverlauf erstellt. Das Ergebnis nennen wir Gesamtprojektplan. Die Erstellung des Gesamtprojektplans ist nicht in jedem Fall problemlos möglich, da oft in dieser Phase noch nicht eindeutig geklärt ist, welche Lieferobjekte das Projekt umfasst bzw. welche Lieferobjekte zu erstellen sind. Die Planung wird so genau wie möglich durchgeführt.

Wir haben auch schon gelernt, dass zu diesem Zeitpunkt eine Phasenplanung für eine erste Projektphase erstellt werden muss. Diese erste Phase kann und muss geplant werden können. Ein Lieferobjekt dieser ersten Phase ist die Definition der Lieferobjekte des Projekts, die Erstellung der Planung der nächsten Phase sowie die Detaillierung des Gesamtprojektplans.

Für jede Phase wird eine Phasenplanung erstellt und mit der Gesamtprojektplanung abgestimmt. Der Gesamtprojektplan und die Phasenpläne unterscheiden sich lediglich im Detaillierungsgrad. Strukturell sind die Planungsdokumente identisch aufgebaut.

Sie sind Leiter der Informatik eines Unternehmens mittlerer Grösse. In Ihrer Verantwortung werden zurzeit 30 Projekte unterschiedlicher Grösse abgewickelt. Anlässlich eines monatlich stattfindenden Meetings mit den Projektleitern halten Sie den Status der Projekte fest. Trotz dieser Statussitzung stellen Sie fest, dass kaum je ein Projekt innerhalb des vorgegebenen Termins abgeschlossen werden kann. Mehr oder weniger sämtliche Informatikprojekte erhalten eine lange letzte Phase und der Endtermin der Projekte wird vor sich hergeschoben.

Diese Situation dürfte Ihnen allen bekannt sein, sei es als Projektleiter, Linienvorgesetzter oder als Beobachter. Folgende Massnahmen helfen, dieses Phänomen zu beseitigen:

- Verlangen Sie den Projektstatus vor dem Statusmeeting schriftlich. Im Normalfall empfehlen wir einen monatlichen Rhythmus, bei terminkritischen Projekten oder Projekten mit kurzer Dauer, einen zweiwöchentlichen Rapportierungsrhythmus. Dabei ist zu beachten, dass kein einziges Statusmeeting ausfallen darf. Falls Sie selber nicht teilnehmen können oder ein Projektleiter im Urlaub, krank oder aus anderem Grund abwesend ist, stellen Sie die Stellvertretung sicher.

- Verlangen Sie die aktuelle Projektplanung zu jedem Statusbericht. Oft wird die Projektplanung einmal, vor dem Projektstart, erstellt und anschliessend ohne Plan weitergearbeitet.

- Aus dem Status muss hervorgehen, wie die ursprüngliche Planung vorgesehen war. Es muss ein Vergleich zwischen der ursprünglichen Planung, dem Ist-Zustand sowie der angepassten Planung vorgelegt werden.

- Machen Sie den Projektleitern Vorschriften darüber, wie die Projektplanung sowie der Statusbericht auszusehen haben. Stellen Sie Templates zur Verfügung. Diese Templates müssen einfach in der Handhabung sein und der Aufwand für die Planung wie auch die Statusrapportierung muss im Rahmen gehalten werden.

- Es muss jederzeit möglich sein, auf die aktuellen Daten zugreifen zu können. Das heisst, das Berichtswesen muss geregelt sein. Jeder Projektleiter speichert seine Unterlagen am gleichen Ort mit der gleichen Struktur.

- Da die Statusberichte einheitlich verfasst werden, ist es auch möglich, die verschiedenen Statusberichte der 30 Projekte miteinander zu vergleichen und schnell einen Überblick über die Gesamtsituation zu erlangen.

- Machen Sie eine gute, aber effiziente Planung in Ihrem Verantwortungsbereich zum Kult, indem Sie darüber sprechen und entsprechend Lob und Tadel austeilen. Lassen Sie aber keine Angstkultur aufkommen, sonst werden die Projektleiter nach Wegen suchen, Ihnen zu entkommen. Sei dies durch beschönigte Statusberichte oder inoffizielle Absprachen mit dem Auftraggeber (zum Beispiel über die Reduktion des Projektumfangs).

- Alle Massnahmen nutzen nur wenig, wenn Sie selber die vorgegebenen Werte nicht leben. Das heisst, falls Sie selber in die Lage kommen, ein Projekt zu leiten, halten Sie sich genau an die auch für Sie erstellten Vorschriften.

- Da es schwierig ist, den Überblick über 30 Projekte zu behalten, lassen Sie sich die Statusberichte der Projekte in einer konsolidierten Sicht präsentieren. Die Konsolidierung kann, da die Statusberichte einheitlich sind, durch Ihre Assistenz erstellt werden. Sobald Sie über eine konsolidierte Projektstatussicht verfügen, können Sie die Kontrollsicht auf einzelne Projekte, die sich in einer kritischen Phase befinden, beschränken.

- Schaffen Sie einen Anreiz, die vereinbarten Termine einzuhalten, indem Sie die Zielvereinbarungen der Mitarbeiter eng an die Projektzielerreichung knüpfen. Diese Massnahme ist am effektivsten, wenn Sie die Zielerreichung mit einem Bonus verknüpfen.

- Stellen Sie sicher, dass geänderte Anforderungen an ein Projekt nicht sang- und klanglos in die Projektplanung aufgenommen werden, sondern die Auswirkungen auf Kosten, Aufwände, Qualität und Termine analysiert werden. Die Auswirkungen müssen dem Auftraggeber kommuniziert und der Projektauftrag mit dem Auftraggeber neu verhandelt werden.

3.9.1.1
Projektstrukturplanung

Als erster Schritt ist, die Projektstruktur zu bestimmen. Das Ziel der Projektstruktur besteht darin, herauszufinden, welche Tätigkeiten durchzuführen sind, um das definierte Projektziel zu erreichen. Der Projektstrukturplan kann auf verschiedene Arten erstellt werden:

- Objektorientiert: Mit dieser Art werden die verschiedenen Objekte des Projekts aufgelistet und es wird beschrieben, welche Schritte nötig sind, um die einzelnen Objekte zu realisieren. Objekte eines Projekts „Einführung Buchhaltungssystem" können sein: Kreditorenbuchhaltung, Betriebsbuchhaltung, Lohnbuchhaltung usw. Für jedes dieser Objekte wird aufgelistet, welche Tätigkeiten notwendig sind, um es herzustellen.

- Ablauforientiert: Mit dieser Art wird das Projekt nach den Phasen gegliedert. Mögliche Phasen sind: Vorstudie, Hauptstudie usw. Für jede Phase wird aufgelistet, welche Tätigkeiten notwendig sind, um die Phasenergebnisse zu erreichen.

- Funktionsorientiert: Mit dieser Art wird das Projekt nach Funktionen strukturiert. Funktionen können sein: Analyse, Programmierung, Projektmanagement usw. Die Tätigkeiten, welche die einzelnen Funktionen ausführen müssen, um das Projektergebnis zu erreichen, werden aufgelistet.

Es spielt keine Rolle, welche Art der Projektstrukturierung gewählt wird. Die Tätigkeiten, die das Ergebnis der Strukturierung bilden, sind bei allen drei Methoden gleich.

Die einzelnen Tätigkeiten, auch Arbeitspakete genannt, werden in den Ablaufplan übernommen.

3.9.1.2
Ablaufplanung

Als Basis für den Ablaufplan dienen die Tätigkeiten bzw. Arbeitspakete der Projektstrukturierung. Der Aufwand zur Durchführung der einzelnen Arbeitspakete wird geschätzt und die Pakete werden in Abhängigkeit zueinander gesetzt. Es gibt verschiedene Techniken, die Arbeitspakete darzustellen. Zwei der Techniken betrachten wir uns näher:

- Die Netzplantechnik ist für komplexe Projekte eine mögliche Darstellungsform. Mittels Netzplan lassen sich der kritische Weg sowie Pufferzeiten zwischen Tätigkeiten sehr gut darstellen. Bei einer geplanten Verschiebung einer Tätigkeit ist transparent, wie sich diese auf die anderen Arbeitspakete und auf das gesamte Projekt auswirkt. Der Netzplan ist jedoch nicht dafür geeignet, den Projektablauf zu präsentieren. Es ist nur schwer möglich, in kurzer Zeit einen Überblick über den Ablauf zu gewinnen.

- Der Ablaufplan ist eine gängige Technik, einen Projektablauf darzustellen. Bei komplexen Abläufen ist die Nachführung des Plans relativ schwierig. Es wird nicht transparent, wie sich Verschiebungen auf andere Arbeitspakete auswirken. Oft erkennen wir erst nach der Verschiebung, wie diese den gesamten Projektverlauf beeinflussen. Zur Präsentation des Projektablaufs ist der Ablaufplan geeignet. Bei der Präsentation beschränken wir uns am besten auf die Darstellung der Haupttätigkeiten. Es besteht auch hier die Gefahr, sich im Detail zu verlieren. Nachfolgend ein Beispiel eines Ablaufplans.

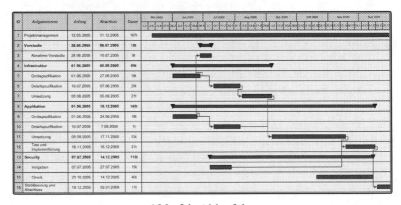

Abb. 24: Ablaufplan

Sie dürfen bei der Ablaufplanung auf keinen Fall die Massnahmen aus der Risikoplanung vergessen. Diese stellen ebenfalls Projekttätigkeiten dar, die im Ablaufplan enthalten sein müssen.

3.9.1.3
Qualitätssicherungsplanung

Ein weiterer Schritt der Projektplanung ist die Planung der qualitätssichernden Massnahmen. Darunter verstehen wir sämtliche Massnahmen, die einerseits dazu dienen, die geforderte Qualität zu erreichen, und auf der anderen Seite kontrollieren, ob das Lieferobjekt den vereinbarten Qualitätsansprüchen genügt. Wir unterscheiden zwischen folgenden Massnahmen:

- Konstruktive Qualitätsmassnahmen werden eingesetzt, um die vereinbarten Qualitätsanforderungen zu erreichen. Das heisst, konstruktive Massnahmen werden zu Beginn der Projektumsetzung ausgeführt und werden zur Projektsteuerung benötigt. Konstruktive Massnahmen sind zum Beispiel der Einsatz von Methoden und Werkzeugen für die Softwareentwicklung.

- Analytische Qualitätsmassnahmen werden eingesetzt, um zu prüfen, ob die Lieferergebnisse den vereinbarten Qualitätsanforderungen entsprechen. Sie sollen sicherstellen, dass

  - das richtige Lieferobjekt erstellt wird und

  - dass das Lieferobjekt richtig erstellt wird.

- Analytische Massnahmen sind zum Beispiel Test von Software, Review von Konzepten oder Audit der Projektabwicklung.

Sie präsentieren die qualitätssichernden Massnahmen dem Projektsteuerungsausschuss. Der Projektsteuerungsausschuss versteht nicht, weshalb Sie sich spezifische Überlegungen zur Qualitätssicherung machen. Sie gehen davon aus, dass jeder Mitarbeiter der Unternehmung die nötige Qualität erstellt, die Mitarbeiter sind sehr gut ausgebildet und die Ergebnisse müssen nach Meinung des Ausschusses nicht spezifisch auf die Einhaltung der Qualität geprüft werden.

In einer solchen Situation darf auf keinen Fall die Qualität der Mitarbeiter angezweifelt werden. Im Steuerungsausschuss können folgende Argumente eingebracht werden:

- Die Qualität der Lieferobjekte muss gemessen und zu jedem Zeitpunkt der Umsetzung muss eine Aussage zum Stand der Qualität gemacht werden können. Dies ist notwendig, damit steuernd eingegriffen werden kann.

- Gut ausgebildete Mitarbeiter neigen dazu, eine zu hohe Qualität erreichen zu wollen. Es geht nicht nur darum, die nötige Qualität zu erreichen, sondern auch darum, die Qualitätsansprüche nicht zu überbieten. Eine zu hohe Qualität hat sofort Auswirkungen auf Kosten und Termine der Lieferobjekte. Das heisst, die Qualitätssicherung hat nicht nur die Aufgabe, sicherzustellen, dass die Qualität erreicht, sondern auch, dass die Qualität nicht überboten wird. Massnahmen müssen in beiden Fällen getroffen werden. Dieser Ansatz verlangt jedoch, dass mit dem Auftraggeber die Qualitätsansprüche genauso vereinbart werden wie die Anforderungen.

- Die konstruktiven wie auch die analytischen qualitätssichernden Massnahmen müssen in der Projektplanung berücksichtigt werden. Sie haben bezüglich Aufwand, Kosten und Dauer einen Einfluss auf das Projekt und dürfen nicht in anderen Tätigkeiten verdeckt wahrgenommen werden.

- Durch transparentes Ausweisen der qualitätssichernden Massnahmen wird auch ersichtlich, wie viel die Sicherstellung der vereinbarten Qualität kostet.

Wir empfehlen, die Massnahmen in einer eigens dafür vorgesehenen Zusammenstellung zu dokumentieren. Die einzelnen Tätigkeiten werden jedoch in die Ablaufplanung des Projekts integriert. Eine qualitätssichernde Tätigkeit ist eine Projekttätigkeit wie jede andere, für die der Aufwand geschätzt und eine ausführende Stelle bestimmt wird. Die Tätigkeit wird ebenfalls im Ablaufplan geführt.

Sie sehen, dass dieser Planungsschritt Auswirkungen auf den Ablaufplan hat. Das heisst, die Projektplanung ist eine iterative Tätigkeit, der Ablaufplan muss nach diesem Planungsschritt nachgeführt werden.

Qualitätsmassnahmen			Projekt:		Datum:		
			Projektleiter:		Autor:		

Nr.	Prüfobjekt (Lieferobjekt)		Massnahme	Durchführung		Ergebnis	
	Beschreibung	verantwortlich		wer	geplant	durchgeführt	Befund
1	Grobspezifikation	Heinrich Kloter	Review	Wilhelm Klaus	25. Juli 2005	26. Juli 2005	gut
2	Kriterienkatalog	René Vetsch	Review	Wilhelm Klaus	30. Aug 2005	3. Sept. 2005	gemäss Mängelliste
3	Systemabnahme	Heinrich Kloter	Test	Benutzer	30. Sept. 2005		offen

Abb. 25: Qualitätssicherungsplan

Vorlagen: Präsentation Qualitäts- sicherungs- planung.pot und: Qualitäts- sicherungs- planung.xlt

Der Qualitätssicherungsplan wird in der Planungsphase erstellt und die Projektplanung mit den qualitätssichernden Massnahmen ergänzt. Während der Projektumsetzung werden die durchgeführten Massnahmen auf dem Plan gekennzeichnet sowie die Ergebnisse der Massnahmen darauf vermerkt.

3.9.1.4
Einsatzmittelplanung

Als nächster Schritt der Projektplanung wird die Einsatzmittelplanung erstellt. Die Einsatzmittelplanung legt folgende Punkte fest:
Die personellen Ressourcen werden geplant, das heisst, jeder Tätigkeit werden Projektmitarbeiter gemäss der Aufwandschätzung zugeordnet. Bei der Zuordnung der Ressourcen muss auf Folgendes geachtet werden:

- Die personellen Ressourcen müssen über das richtige Know-how verfügen. Das Know-how darf weder zu tief (führt zur Überforderung der Mitarbeiter) noch zu hoch (führt zu einer Unterforderung der Mitarbeiter) sein.

- Die Einsatzintensität in Prozent muss definiert werden. Die Intensität wird prozentual über eine bestimmte Zeitdauer oder in Anzahl Tagen festgelegt.

- Die Ressourcen müssen dem Projekt zur Verfügung stehen, das heisst, der geplante Einsatz muss mit den entsprechenden Vorgesetzten vereinbart sein.

- Die personellen Ressourcen dürfen nicht nur zahlenmässig betrachtet werden, sondern auch als menschliche Individuen. Das heisst, die potentiellen Mitarbeiter müssen motiviert sein, im Projekt mitzuarbeiten. Sie müssen als Team zusammenarbeiten können (eine Teambildung muss möglich sein).

- Der Mitarbeitereinsatz muss flexibel gestaltet werden. Wenn ein bestimmtes Lieferobjekt abgeschlossen ist und für Teile des Projektteams für eine bestimmte Zeitdauer keine Projektaufgaben mehr anstehen, muss die Möglichkeit bestehen, die betroffenen Mitarbeiter für eine bestimmte Zeit entweder im betrieblichen Umfeld oder in anderen Projekten zu beschäftigen. Falls dies nicht möglich ist, sind Sie sehr unflexibel in der Projektumsetzung und es entstehen zusätzliche Projektkosten, die nicht geplant waren.

Neben den personellen Ressourcen sind auch Sachmittel zu planen. Sachmittel können zum Beispiel Räumlichkeiten, Testlabor oder Testumgebungen sein. Auch bei der Planung der Sachmittel ist höchstmögliche Flexibilität sehr wichtig. So hat die Reservation eines Testlabors einerseits Auswirkungen auf den Projektverlauf und andererseits auf die Kosten. Damit keine unnötigen Kosten entstehen, wird ein Testlabor nur für den Zeitraum reserviert, in dem die Tests geplant sind. Falls sich wider Erwarten im Projekt Verzögerungen einstellen sollten, muss die Reservation des Labors der Planung angepasst werden. Das kann Kosten nach sich ziehen oder das Labor ist für den gewünschten Zeitraum bereits belegt.

Sie haben die Einsatzmittelplanung für Ihr Rollout-Projekt erstellt und sind bei der Absprache der Verfügbarkeit mit einem Linienvorgesetzten eines Mitarbeiters nicht einig geworden. Der Linienvorgesetzte will Ihnen die geforderten 50 % der Arbeitszeit des Mitarbeiters für das Projekt nicht garantieren. Er beharrt darauf, den Mitarbeiter für betriebliche Problemlösungen jederzeit für die Dauer der Problemlösung zu 100 % selber einsetzen zu können.

In einer solchen Situation stehen Sie als Projektleiter auf der Verliererseite. Das Verhalten des Vorgesetzten lässt bereits erahnen, wie der Einsatz seines Mitarbeiters aussehen wird. Es besteht ein potentielles Risiko, dass der Mitarbeiter regelmässig für betriebliche Aufgaben abgezogen wird und die Projektarbeiten in den Rückstand geraten.
Folgende Möglichkeiten stehen Ihnen zur Verfügung:

- Eskalation der Situation beim Vorgesetzten des Linienvorgesetzten oder beim Projektsteuerungsausschuss. Falls Sie mit der Eskalation erfolgreich sind, können Sie trotzdem nicht sicher sein, dass Sie nicht laufend Diskussionen über den Einsatz des entsprechenden Mitarbeiters führen müssen. Das deutet darauf hin, dass eine Eskalation nur vordergründig erfolgreich ist, in Wirklichkeit aber keine Lösung darstellt.

- Suche eines anderen internen Mitarbeiters. Diese Möglichkeit kann aber nur beschritten werden, wenn ein weiterer Mitarbeiter über die notwendigen Fähigkeiten verfügt, dieser in das Projektteam passt, motiviert ist, im Projekt mitzuarbeiten, und der Vorgesetzte dieses Mitarbeiters eine Verfügbarkeitsgarantie abgibt.

- Suche eines externen Mitarbeiters, der über die erforderlichen Fähigkeiten verfügt. Dabei muss berücksichtigt werden, dass das Hinzuziehen von externen Mitarbeitern zu höheren Kosten führt und dass der entsprechende Mitarbeiter ins Projektteam passen muss. Ebenfalls darf nicht vergessen werden, dass das Know-how, das der externe Mitarbeiter über das Projekt erwirbt, nach Projektende die Unternehmung wieder verlässt.

Während der Erstellung der Einsatzmittelplanung erkennen Sie, dass Sie das Projekt, mangels personeller Ressourcen, nicht in der vorgesehenen Zeit realisieren können. Es stehen Ihnen zu wenig Mitarbeiter mit den benötigten Fähigkeiten zur Verfügung.

Als Erstes ist es wichtig, die Situation nicht zu ignorieren und der Meinung zu sein, „es wird schon irgendwie klappen". Wenn Sie nicht auf die Situation reagieren, ist ein Punkt ganz sicher: Es wird bestimmt noch schlimmer kommen, als Sie es ahnen! Das heisst, Massnahmen müssen eingeleitet werden. Folgende Möglichkeiten schlagen wir Ihnen vor:

- Anpassung des Projektplans ausgerichtet auf die Situation der personellen Ressourcen. Das hat zur Folge, dass Sie den Termin einzelner Lieferobjekte und den Endtermin des Projekts verschieben müssen. Diese Massnahme hat keinen Einfluss auf die Kosten des Projekts. Die Wirtschaftlichkeit wird sich aber verschlechtern, da sich der ausgewiesene Nutzen erst später einstellen wird.

- Einbezug von weiteren Mitarbeitern. Da diese gemäss Situationsbeschreibung intern nicht zur Verfügung stehen, müssen Sie auf externe Ressourcen ausweichen. Dies hat einen Einfluss auf die Kosten und die Wirtschaftlichkeit des Projekts. Der Termin kann gehalten werden. Bei dieser Massnahme ist darauf zu achten, dass die externen Mitarbeiter ins Projektteam passen. Wichtig ist auch, daran zu denken, dass diese Mitarbeiter und mit ihnen das erworbene Know-how der Unternehmung nach dem Projekt nicht mehr zur Verfügung stehen.

- Reduktion des Lieferumfangs des Projekts. Mit dieser Massnahme können die Kosten und der Termin gehalten werden. Es ist aber bereits bei der Einleitung festzulegen, was mit den nicht erfüllten Anforderungen geschieht. Werden diese in einem späteren Release nachgeliefert, fallen die Kosten zu einem späteren Zeitpunkt trotzdem an.

Dem Steuerungsausschuss muss ein entsprechender Vorschlag zusammen mit den Konsequenzen der vorgeschlagenen Massnahme zum Entscheid unterbreitet werden. Der Entscheid hat Einfluss auf den Projektauftrag. Deshalb muss dieser mit dem Auftraggeber neu vereinbart werden.

Der Entscheid hat auch Einfluss auf den Ablaufplan, der entsprechend angepasst werden muss.

3.9.1.5
Projektorganisationsplanung

Nach der Einsatzmittelplanung können wir die personellen Ressourcen, die wir für das Projekt vorgesehen haben, in eine hierarchische Ordnung bringen, in eine Projektorganisation. Die Projektorganisation dient dazu, die Rapportierungs-, Informations- und Kommunikationswege festzulegen.

Zur Bildung der Projektorganisation hilft einerseits die Einsatzmittelplanung, aus der alle erforderlichen personellen hervorgehen, und andererseits die Projektstruktur, aus der, je nach Strukturierungsart, die Projektobjekte ersichtlich sind. Diese können zur Teilprojektbildung herangezogen werden. Weiter müssen unternehmensweite Organisationsregeln für Projekte berücksichtigt werden, die üblicherweise in einem Projekthandbuch festgehalten sind.

Die Projektorganisation umfasst folgende Stellen:

- Auftraggeber
- Steuerungsausschuss
- Projektleiter
- Teilprojektleiter
- Projektmitarbeiter
- Fachausschuss

3.9.1.6
Kosten- und Budgetplanung

Aus den vorangegangenen Schritten kann die Kostenplanung abgeleitet werden. Da ein Projekt ein einmaliges Vorhaben ist, handelt es sich bei den Projektkosten um eine Investition, das heisst um einmalige Kosten. Neben den einmaligen Kosten weisen wir auch die zu erwartenden Betriebskosten sowie den Nutzen des Projekts aus. Aus diesen drei Komponenten leiten wir die Wirtschaftlichkeit des Projekts ab. Die Wirtschaftlichkeit sagt aus, bis wann die getätigte Investition durch ihren Nutzen wieder neutralisiert ist.

Wir betrachten in diesem Kapitel folgende Punkte:

* Projektkosten (einmalig)
* Betriebskosten (fallen nach der Überführung des Projekts in den Betrieb an)
* Nutzen
* Wirtschaftlichkeit (Dauer, bis die Projektkosten durch ihren Nutzen neutralisiert sind)

Zu den Projektkosten:
Die Projektkosten setzen sich aus verschiedenen Kostenarten zusammen:

* Peronalkosten: Bei den Peronalkosten unterscheiden wir externe und interne Personalkosten. Bei den internen Peronalkosten findet kein Geldtransfer statt. Die Kosten werden unternehmensintern von der Personalkostenstelle auf die Projektkostenstelle umgebucht. Bei den externen Personalkosten findet ein Geldtransfer statt. Die Rechnungen der externen Projektmitarbeiter werden über die Projektkostenstelle bezahlt.

* Sachkosten: Bei den Sachkosten unterscheiden wir Kosten für Hardware und Softwarelizenzen. Auch wenn die beschafften Sachmittel in der Buchhaltung als Anlage geführt werden, rechnen wir bei den Projektkosten mit dem gesamten Anschaffungspreis.

* Ausbildungskosten: Darunter verstehen wir die bei der Ausbildung der Projektmitarbeiter anfallenden Kosten.

* Infrastrukturkosten: Unter diese fallen Kosten für Räumlichkeiten, Kommunikationsmittel des Projektteams, Kosten für Testlabors usw.

* Spesen: Darunter fallen sämtliche Spesen des Projektteams. Dies können zum Beispiel Essens- oder Reisespesen sein.

Zu den Betriebskosten:
Die Betriebskosten beschreiben die Kosten, die nach der Überführung des Systems in das produktive Umfeld anfallen. Die Betriebskosten werden pro Jahr ausgewiesen. Die Betriebskosten setzen sich aus folgenden Kostenarten zusammen:

- Personalkosten: Kosten, verursacht durch die Mitarbeiter, die nötig sind, um das System lauffähig zu halten.

- Sachkosten: Dies sind wiederkehrende Softwarewartungskosten und Ersatzinvestitionen in die benötigte Infrastruktur.

- Wartungskosten: Kosten zur Wartung des Systems. Unter Wartung fallen Aufwendungen, um Fehler im System zu beheben oder das System an gesetzliche oder technologische Anforderungen anzupassen.

Zum Nutzen:
Wir unterscheiden quantitativen und qualitativen Nutzen:

- Quantitativer Nutzen: Der quantitative Nutzen wird immer in einer finanziellen Grösse pro Jahr angegeben. Wir unterscheiden:

  - Einsparungen: Kosten, die heute anfallen und in Zukunft kleiner oder gar nicht mehr vorhanden sind.

  - Vermeidbare Kosten: Kostenfolgen die ohne die Realisierung des Projekts angefallen wären. Das kann zum Beispiel eine Ersatzinvestition sein.

  - Mehreinnahmen: Darunter verstehen wir Einnahmen, die ohne die Realisierung des Projekts nicht angefallen wären.

- Qualitativer Nutzen: Der qualitative Nutzen kann nicht in einer finanziellen Grösse angegeben werden. Dieser kann sich zum Beispiel in einer besseren Kundenzufriedenheit äussern. Wenn sich diese in mehr Bestellungen durch die zufriedenen Kunden zeigt, lässt sich der Nutzen unter der Kategorie Mehreinnahmen aufführen.

Zur Wirtschaftlichkeit:
Es gibt verschiedene Methoden, die Wirtschaftlichkeit zu berechnen. Der Auftraggeber hat immer das Ziel, die getätigte Investition in ein Projekt möglichst schnell in Form von finanziellem Nutzen wieder einzunehmen. Deshalb betrachten wir die Wirtschaftlichkeit in Form von Payback. Unter Payback verstehen wir die Anzahl Jahre, bis die getätigte Investition durch ihren Nutzen wieder neutralisiert ist.

Die Wirtschaftlichkeit berechnet sich folgendermassen:

Payback = Projektkosten / (Nutzen – Betriebskosten)

Wenn immer möglich soll der Nutzen in eine quantitative Einheit umgerechnet werden. Nur dadurch lässt sich die effektive Wirtschaftlichkeit ausweisen.

Der Projektantrag für ein Projekt ist zur Umsetzung freigegeben worden. In der Detailphase stellen Sie nun fest, dass die Wirtschaftlichkeit, die im Antrag ausgewiesen wurde, nicht erreicht wird. Der Auftraggeber ist mit der ausgewiesenen Wirtschaftlichkeit nicht einverstanden und bittet Sie darum, Massnahmen zur Verbesserung der Situation auszuarbeiten und ihm zu unterbreiten.

Stellen Sie sich folgende Fragen:

- Basiert die Planung auf den Anforderungen oder sind allenfalls die Anforderungen übererfüllt?
- Können geplante Tätigkeiten ohne Gefährdung des Projekterfolgs gestrichen oder reduziert werden?
- Haben Sie die Aufwände zu grosszügig geplant (sind Reserven eingeplant)?
- Verfügen die Mitarbeiter über die nötigen Fähigkeiten und Erfahrungen, um die Umsetzung effizient und effektiv abwickeln zu können?
- Handelt es sich bei den Anforderungen um eine „vergoldete" Lösung?
- Wurden bei der Technologiewahl die Kosten einbezogen oder gibt es gleichwertige Technologien, die kostengünstiger sind (immer auch die Betriebskosten im Auge behalten)?
- Ist die Umsetzung mit kostenintensiven Entwicklungswerkzeugen geplant?
- Sind die Ansätze der externen Mitarbeiter überhöht?
- Können externe Mitarbeiter durch interne ersetzt werden?
- Ist die Beschaffung von Lizenzen nötig oder können diese von bereits vorhandenen Systemen mitbenutzt werden?
- Ist die Beschaffung zusätzlicher Infrastruktur notwendig oder kann eine bestehende Infrastruktur mitbenutzt werden?

- Ist der Nutzen richtig ausgewiesen oder kann er erhöht werden?
- Kann qualitativer Nutzen in quantitativen Nutzen umgerechnet werden?
- Können die Betriebskosten durch die Verhandlung besserer Konditionen optimiert werden?

Aus den Antworten auf diese Fragen lassen sich Massnahmen zur Reduktion der Kosten, Erhöhung des Nutzens und Reduktion der Betriebskosten ableiten. Falls Sie keine oder ungenügende Massnahmen ableiten können, haben Sie zwei Möglichkeiten:

- Schlagen Sie dem Auftraggeber vor, erst eine Vorstudie durchzuführen. Ein Ergebnis der Vorstudie ist eine exakte Kostenplanung für das restliche Projekt. Auf Grund dieser Planung kann der Auftraggeber entscheiden, ob er das Projekt zu Ende führen oder abbrechen möchte. Weiter ist es möglich, im Rahmen der Vorstudie verschiedene Varianten mit unterschiedlichen Kostenfolgen zu erarbeiten.
- Schlagen Sie dem Auftraggeber den Projektabbruch vor.

Bei allen Betrachtungen ist zu berücksichtigen, dass die Reduktion der Projektkosten Auswirkungen auf die zu erwartenden Betriebskosten haben kann. Dies wirkt sich je nach Höhe der Betriebskosten, trotz der Reduktion der Projektkosten, negativ auf die Wirtschaftlichkeit aus.
Betrachten Sie immer die Wirtschaftlichkeit und nicht nur die Kosten- oder die Nutzensituation.

Sobald wir die Kostenplanung durchgeführt haben, sollten wir uns auch Gedanken über die Projektbudgetplanung machen. Die Budgetplanung entspricht der Kostenplanung unter Berücksichtigung der Zeit. Das heisst, das Projektbudget zeigt uns an, zu welcher Zeit welche Ausgaben anfallen. Bei einem linearen Kostenverlauf mag dies nicht relevant sein. In Projekten, in denen zu gewissen Zeitpunkten grössere Kosten ausgelöst werden, muss sichergestellt werden, dass die finanziellen Mittel zu diesem Zeitpunkt zur Verfügung stehen. Ein solcher Zeitpunkt kann sein, wenn die beschafften Softwarelizenzen oder Hardwarekomponenten zur Zahlung fällig werden. Die Bestellung solch kostenintensiver Sachmittel sollte soweit möglich hinausgezögert werden. Ausnahmen bilden hier steuerliche Aspekte.

3.9.1.7
Informations-, Kommunikations- und Dokumentationsplanung

Als letzten, aber nicht minder relevanten Planungspunkt gehen wir die Informations-, Kommunikations- und Dokumentationsplanung an.

Sie realisieren ein Projekt für eine international tätige Unternehmung. Die Fachvertreter sind in Frankreich stationiert, sie selber mit den Informatikern in München. Die Anforderungen des Fachbereichs werden durch einen Fachprojektleiter zusammengefasst und Ihnen im Zweiwochenrhythmus kommuniziert. Sie stellen dem Fachprojektleiter, neben den Projektergebnissen, jeden Monat den Statusbericht des Projekts zu. Das Feedback zu den Projektergebnissen erhalten Sie immer über den Fachprojektleiter.

Das System ist soweit fortgeschritten, dass Sie erste Tests durch die Fachvertreter durchführen lassen. Die Fachvertreter sind eigens für diesen Zweck nach München gereist. Nach dem ersten Tag Test besprechen Sie die Testergebnisse mit den Benutzern. Es stellt sich heraus, dass die Fachvertreter mit der Abdeckung der Anforderungen nicht zufrieden sind. Das System entspricht in einigen Belangen nicht den Vorstellungen der Benutzer.

Sie stellen sich die Frage: "Wie konnten Sie in diese Situation gelangen?"

Die örtliche Distanz hat die Kommunikation erschwert. Um diese zu verbessern, hat der Fachprojektleiter als Scharnierfunktion gewirkt. Dadurch ist der Informationsinhalt gefiltert worden. Wie hätte dies vermieden werden können:

- Die Kommunikation mit den Benutzern und Fachvertretern muss trotz der örtlichen Distanz aufrechterhalten werden. Die Betroffenen müssen zu Beteiligten gemacht werden und frühzeitig in die Erarbeitung der Projektergebnisse miteinbezogen werden.

- Die Filterfunktion über die Projektleiter hat zu einem grossen Verlust des Informationsgehaltes geführt. Je nach Verständnis des Fachprojektleiters können wesentliche Anforderungen verfälscht oder verloren gehen.

- In der vorliegenden Projektkonstellation muss die Zusammenarbeit und Kommunikation stufengerecht erfolgen. Das bedeutet:

  - Der Aufraggeber spricht sich regelmässig mit dem Projektleiter ab.

  - Der Fachprojektleiter und Informatikprojektleiter stimmen sich regelmässig gegenseitig ab.

- Die Fachvertreter werden in die Projektarbeit integriert.
- Die Fachvertreter geben ihr Feedback direkt ab.
- Es werden regelmässige Informationsveranstaltungen, zu denen sämtliche Stakeholders eingeladen werden, durchgeführt.

Um die Information und Kommunikation transparent zu halten, schlagen wir vor, einen Informations- und Kommunikationsplan zu erstellen. Ein solcher Plan enthält folgende Informationen:

- Informationsfluss: Von wem zu wem die Information übertragen wird. Zum Beispiel vom Informatikprojektleiter zum Fachprojektleiter.
- Periodizität: In welcher Periodizität bzw. zu welchem Zeitpunkt fliesst die Information. Dies kann ein bestimmtes Datum sein oder ein festgelegter Rhythmus (zum Beispiel monatlicher Statusbericht).
- Inhalt: Beschreibt den Inhalt der Information. Dies kann zum Beispiel der Projektstatus sein.
- Medium: Dieses legt fest, wie die Information übertragen wird. Zum Beispiel mittels Meeting oder E-Mail.

Zum Beispiel:
```
Der Projektstatusbericht wird monatlich durch
den Projektleiter als Worddokument erstellt
und per E-Mail dem Projektcontrolling zuge-
stellt.
```

Ein weiteres Planungsdokument zur Klärung vieler Fragen in der Projektarbeit stellt der Dokumentationsplan dar. Er regelt, wo welche Dokumente gespeichert werden. Wir unterscheiden dabei zwischen:

- Projektdokumentation: Das sind Dokumente, die den Projektablauf dokumentieren wie zum Beispiel der Statusbericht.
- Systemdokumentation: Das sind Dokumente, die das System beschreiben, wie zum Beispiel die Spezifikation oder das Konzept.

Mit einer projektweiten Regelung der Dokumentation ersparen Sie vielen Projektmitarbeitern Aufwand und Ärger beim Suchen von Dokumenten.

Informationsplan					
von / nach	Auftraggeber	Steuerungs-ausschuss	Projektleiter	Projektmitarbeiter	Benutzer
Auftraggeber	------------				
Steuerungs-ausschuss	Statusbericht (monatlich, Papier)	------------			
Projektleiter		Statusbericht (monatlich, Papier)	------------	Statusbericht (monatlich, Papier)	Information (Quartal, Intranet)
Benutzer			Feedback (monatlich, Forum)		------------

Abb. 26: Informationsplan

Mit diesem Planungsschritt haben wir die Projektplanung abgeschlossen.

Der nächste Schritt der Projektabwicklung besteht darin, dass die
Projektplanung in den Projektauftrag übernommen wird. Der Projektauftrag enthält Informationen aus dem Projektantrag und diese
werden durch den Inhalt aus der Projektplanung ergänzt.

Der Projektauftrag wird mit dem Auftraggeber vereinbart und bildet die Grundlage für die Projektumsetzung. Beim Abschluss eines
Lieferobjekts wird geprüft, ob dieses den Abmachungen im Projektauftrag entspricht.

3.9.2
Die Projektsteuerung

Im Zuge der Projektplanung wurden einzelne Tätigkeiten bzw. Arbeitspakete gplant, in einem Ablaufplan dargestellt und die Einsatz-
planung der Teilprojektleiter und Projektmitarbeiter erstellt. Die
Teilprojektleiter und einzelne Projektmitarbeiter sind in der Planungsphase miteinbezogen worden, die Auftragserteilung hat jedoch
noch nicht stattgefunden. Im Kapitel 2.1.4 haben wir besprochen,
dass die Auftragserteilung für die Projektumsetzung erst nach dem
Projekt-Kick-off erfolgen kann. Anlässlich des Projekt-Kick-offs
werden alle Projektmitarbeiter über den Projektinhalt und den Projektablauf, die Projektplanung, informiert. Der Wissensstand der
Projektleiter wird auf den gleichen Stand gebracht.

Nach dem Projekt-Kick-off müssen den Projektmitarbeitern die
Aufträge zur Umsetzung erteilt werden. Die Auftragserteilung ist ein
Bestandteil der Projektsteuerung. Für die Projektmitarbeiter ist der
Auftrag die Ausgangslage für die Projektarbeiten. Somit müssen im
Auftrag sämtliche notwendigen Informationen, die ein Mitarbeiter
für die Umsetzung braucht, enthalten sein.

Ein vollständiger Arbeitsauftrag umfasst folgende Punkte:

- Ausgangslage: Diese kurze Beschreibung der Ausgangslage kann im Wesentlichen dem Projektauftrag entnommen und dem jeweiligen Auftrag angepasst werden.

- Beschreibung des Auftrags: Dieser Teil beschreibt, was im Auftrag enthalten ist und auch was nicht enthalten ist.

- Zielsetzung: In diesem Teil wird beschrieben, welche Ziele zu erreichen sind. Dabei ist auf die Messbarkeit der Zieldefinition zu achten. Wenn die definierten Ziele nach Auftragsabschluss nicht gemessen werden können, kann auf die Definition der Ziele verzichtet werden.

- Schnittstellen: Hier wird beschrieben, zu welchen anderen Aufträgen oder gar anderen Projekten Schnittstellen bestehen.

- Rahmenbedingungen und Restriktionen: Diese beschreiben, was bei der Umsetzung des Auftrags beachtet werden muss, welche Bedingungen zu berücksichtigen und einzuhalten sind.

- Verantwortlichkeit und Befugnisse: Dieser Punkt beschreibt, wer die Verantwortung für den Auftrag trägt und in welchem Umfang selbstständig, ohne Rücksprache mit der Projektleitung, entschieden werden darf.

- Risiken: Hier werden die für diesen Auftrag erkannten Risiken und die geplanten risikominimierenden Massnahmen festgehalten.

- Aufwand und Termine: Dieser Teil enthält einen Auszug aus der Projektplanung.

Die Anzahl und der Umfang der Aufträge ist stark abhängig von der Grösse des Projekts. Für Tätigkeiten, die einen Aufwand kleiner als 5 Personentage umfassen, muss kein Auftrag im beschriebenen Umfang erstellt werden. In einem solchen Fall ist eine reduzierte Auftragsbeschreibung ausreichend. Aber auch diese muss die Kernelemente, wie Kurzbeschreibung des Inhalts, Zielsetzung und Termine, enthalten.

Anlässlich des Projekt-Kick-offs verteilen Sie an die Teilprojektleiter die Projektplanung. Die einzelnen Arbeitspakete sind in der Projektplanung beschrieben ebenso wie die Zuteilung der Pakete auf die Mitarbeiter.

Sie besprechen am Kick-off die Projektplanung mit den Beteiligten. Am Schluss des Kick-offs erkundigen Sie sich, ob es noch Fragen gibt. Einige formelle Fragen, wie zum Beispiel, ob die Zeiterfassung auf das Projekt bereits möglich ist, können Sie direkt beantworten.

Nach dem Kick-off, im Laufe des Tages, kommen mehrere Projektmitarbeiter unabhängig voneinander auf Sie zu und stellen Fragen zum Auftrag. Sie stellen fest, die Aufträge sind nicht selbsterklärend formuliert und deshalb auch nicht von allen Beteiligten verstanden worden.

Hier stellt sich die Frage, in welcher Form den Teilprojektleitern bzw. den Projektmitarbeitern die Aufträge erteilt werden sollen. Als Grundsatz gilt: Die Aufträge müssen schriftlich festgehalten sein und dürfen nicht mündlich erfolgen. Auch Aufträge für Tätigkeiten mit einem Aufwand von weniger als 5 Personentagen werden, in abgekürzter Form, schriftlich formuliert. Was wir nicht empfehlen, ist die Integration der Aufträge in die Projektplanung. Die Arbeitsaufträge werden als eigenständige Dokumente erfasst und gespeichert. Die Dokumente können für kleinere Aufträge auch in Form von Mails erfasst werden.

Für die beschriebene Situation bedeutet dies:

- Die Aufträge dürfen nicht in der Projektplanung enthalten sein, sondern sind eigenständige Dokumente, die den Projektmitarbeitern ausgehändigt werden.
- Die Aufträge werden im Plenum nur oberflächlich besprochen.
- Nach dem Kick-off müssen die einzelnen Aufträge bilateral zwischen dem Projektleiter und den Projektmitarbeitern besprochen werden. Das heisst, Sie als Projektleiter planen bereits vor dem Kick-off Zeit ein, um die Aufträge mit den Mitarbeitern besprechen zu können.

Die Auftragserteilung kann in Ausnahmefällen per Mail erfolgen. Es darf aber nicht zur Regel werden, dass der Projektleiter sein Projekt mittels „Management by Mail" führt. Dies verursacht unweigerlich und sehr schnell Missverständnisse. Der Projektleiter muss immer Zeitfenster einplanen, in denen er die Aufträge oder Korrekturen zu Aufträgen, mit den Projektmitarbeitern bespricht.

Zusammenfassend kann man sagen:

- Aufträge immer schriftlich erteilen
- Die erteilten Aufträge jedoch immer mündlich besprechen

Die Projektsteuerung ist ein Thema mit vielen Aspekten. Zusammenfassend halten wir fest, dass bei der Auftragserteilung Klarheit geschaffen werden muss, und zwar Klarheit darüber, was vom Auftragnehmer erwartet wird und woran er gemessen wird.

Der Kommunikation kommt in der Projektsteuerung ein hoher Stellenwert zu.

Die Kontrolle des Fortschritts der Umsetzung dieser Aufträge ist Bestandteil der Projektkontrolle. Diese behandeln wir im folgenden Kapitel.

3.9.3
Die Projektkontrolle

Die Projektkontrolle dient dazu, die einzelnen Lieferobjekte auf den erreichten Erfüllungsgrad zu prüfen. Diese Kontrolle kann ein fertiges Lieferobjekt umfassen, aber auch den Stand der Fertigstellung eines Lieferobjektes, das sich noch in der Umsetzung befindet. Wir betrachten beide Aspekte:

- Bei der Kontrolle eines fertig erstellten Lieferobjektes geht es darum, zu prüfen, ob es den Anforderungen entspricht. Bei den Anforderungen können wir folgende Kategorien unterteilen:
  - Funktionale Anforderungen
  - Anforderungen an die Benutzeroberfläche
  - Anforderungen an die Schnittstellen
  - Mengengerüst
  - Anforderungen an die Datenbasis
  - Qualitätsanforderungen
  - Anforderungen an die Dokumentation
  - Terminliche Anforderungen
  - Finanzielle Anforderungen

Der Erfüllungsgrad all dieser Anforderungen muss überprüft werden. Die Überprüfung kann folgendermassen erfolgen durch:

- Review
- Testen

Bei der Kontrolle von Lieferobjekten, die sich noch in der Realisierung befinden, geht es darum, zu prüfen, ob die Anforderungen erfüllt werden, und um den Fortschritt der Umsetzung.

Die Überprüfung wird ebenfalls durch Reviews und Tests vorgenommen. Vor allem bei Lieferobjekten mit einer langen Realisierungszeit bieten sich diese Kontrollmethoden an. Bei Lieferobjekten mit kurzer Realisierungszeit wird vorwiegend dem Fortschritt Beachtung geschenkt.

Der Projektleiter ist für die Kontrolle der Ergebnisse verantwortlich, stellt aus den Kontrollergebnissen den Gesamtstatusbericht des Projekts zusammen und passt auf Grund des Fortschritts die Projektplanung an. Er korrigiert die betroffenen Aufträge und gibt die geänderten Aufträge und allfällig getroffene Massnahmen mittels Projektsteuerung bei den Teilprojektleitern oder Projektmitarbeitern in Auftrag.

3.9.3.1
Projektkennzahlen

Die Kennzahlen eines Projekts werden im Statusbericht festgehalten. Der Statusbericht ist das wichtigste Element der Projektkontrolle. Er beinhaltet Aussagen über:

- Termin
- Qualität
- Arbeitsfortschritt
- Kostenverlauf
- Risiken

Vorlage:
Word Template
Dateiname:
Projektstatus.dot

Je nach Unternehmung lassen sich weitere Kennzahlen definieren. Ist eine Informatikstrategie vorhanden, müssen aus dieser Kennzahlen abgeleitet werden, welche die Strategieumsetzung messen.

Nach der Präsentation des Statusberichts vor dem Steuerungsausschuss erhalten Sie den Auftrag, strategierelevante Kennzahlen in den Statusbericht aufzunehmen. Diese müssen für den Steuerungsausschuss entsprechend managementtauglich aufbereitet sein.

Als Erstes analysieren Sie die strategischen Aussagen der Informatikstrategie. Nehmen wir zwei Beispiele von strategischen Aussagen:

- Datenschutz und Datensicherheit sind ein zentrales Anliegen der Unternehmung.
- Die Erhöhung des Integrationsgrads der Informatiksysteme ist ein zentrales Anliegen der Informatik.

Auf den ersten Blick erscheint es schwierig, aussagekräftige und managementtaugliche Kennzahlen daraus ableiten zu können. Definieren wir zuerst, was eine Kennzahl auszeichnet:

- Eine Kennzahl muss messbar sein.
- Die Kennzahl muss mittels Formel ausgedrückt werden können.

Sind diese zwei Kriterien nicht erfüllt, ist weder die Herleitung der Zahl noch die Interpretation transparent, das heisst, jede Person hat ein anderes Verständnis für die Kennzahl.

Für den ersten Strategiepunkt, Datenschutz und Datensicherheit, lassen sich beispielsweise folgende Kennzahlen definieren:

- Verhältnis der Anzahl Zugriffe auf die Datenbank zu der Anzahl unberechtigter Zugriffe auf die Datenbank. Formel: Anzahl unberechtigter Zugriffe / Anzahl berechtigter Zugriffe. Diese Kennzahl kann in der Testphase des Systems ermittelt werden. Bei den Tests können die Versuche, unberechtigt zuzugreifen, systematisch erfolgen.
- Verhältnis der Anzahl durchgeführter Backup und Recoveries zu der Anzahl der erfolgreich durchgeführten Backup und Recoveries. Dieser Wert lässt sich berechnen mit Anzahl durchgeführter Backup und Recoveries / Anzahl erfolgreicher Recoveries. Diese Kennzahl kann ebenfalls frühestens in der Testphase des Systems berücksichtigt werden.

Für den zweiten Strategiepunkt, die Erhöhung der Systemintegration, lassen sich beispielsweise folgende Kennzahlen definieren:

- Verhältnis der Anzahl Applikationen zu der Anzahl Plattformen.
- Verhältnis der gesamten Anzahl Module zur Anzahl der wiederverwendbaren Module.

Mit diesen 4 definierten Kennzahlen kann sich ein Steuerungsausschuss oder eine Geschäftsleitung einer Unternehmung ein Bild machen, wie stark die einzelnen Projekte einen Beitrag zur Umsetzung der Informatikstrategie leisten.

3.9.3.2
Zeitpunkt der Projektkontrolle

Die Kontrolle beginnt mit dem Start der Umsetzungsphase und endet nach dem Projektabschluss.

Die Kontrolle kann zu folgenden Zeitpunkten stattfinden:

- Die periodische Kontrolle findet zum Beispiel jeden Monat statt. Am Anfang des Projekts wird entweder mit dem Steuerungsausschuss die Periode vereinbart oder die Periode ist unternehmensweit für alle Projekte vorgegeben. Bei der periodischen Kontrolle wird der Gesamtstatus des Projekts beurteilt, das heisst, es werden sämtliche Kennzahlen berechnet und dem Steuerungsausschuss rapportiert.

- In intensiven oder kritischen Phasen eines Projekts kann die Kontrollintensität der periodischen Kontrollen erhöht werden. Zum Beispiel kann kurz vor Abschluss des Projekts oder nachdem das Projekt terminlich in Rückstand geraten ist, von einem monatlichen Rhythmus auf einen zweiwöchentlichen umgestellt werden. Nach der Normalisierung der Lage kann wieder auf den ursprünglichen Rhythmus gewechselt werden.

- Die spezifische Kontrolle eines Lieferobjekts erfolgt dann, wenn ein Lieferobjekt zur Kontrolle bereit ist. Dies kann zum Beispiel eine Spezifikation sein, die nach Abschluss einem Review unterzogen wird. Bei der spezifischen Kontrolle wird lediglich das entsprechende Lieferobjekt, in unserem Beispiel die Spezifikation, beurteilt.

- Das Erreichen des Phasenendes oder eines Meilensteins kann ebenfalls Anlass zur Durchführung einer Kontrolle sein. Nach Abschluss einer Phase oder beim Erreichen eines Meilensteins wird, wie bei der periodischen Kontrolle, der Gesamtstatus des Projekts beurteilt, das heisst, sämtliche Kennzahlen werden berechnet und dem Steuerungsausschuss rapportiert.

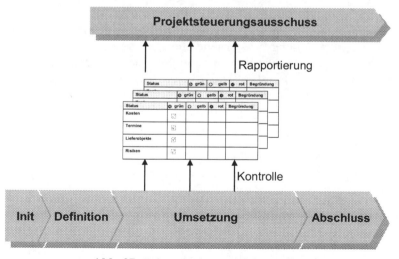

Abb. 27: Zeitpunkt der Projektkontrolle

3.9.3.3 Kontrolle von Teilprojekten

Das Rapportieren der Teilprojektleiter an den Gesamtprojektleiter ist bezüglich der Kontrollzeitpunkte und des Prozesses identisch mit demjenigen des Gesamtprojektleiters zum Steuerungsausschuss.

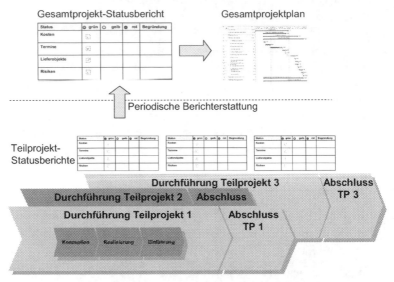

Abb. 28: Rapportierung der Teilprojektleiter

Teilprojektleiter erstellen die Statusberichte ihrer Teilprojekte und stellen diese der Gesamtprojektleitung zu den festgelegten Zeitpunkten zu. Die Gesamtprojektleitung konsolidiert die Berichte sämtlicher Teilprojekte und erstellt den Gesamtprojektstatus zu Händen des Steuerungsausschusses. Die Kontrollergebnisse einzelner Lieferobjekte werden von den Teilprojektleitern angefordert und der Gesamtprojektleitung zur Konsolidierung übergeben.

Bei der periodischen Rapportierung gibt der Gesamtprojektleiter die Perioden vor. Bei der Rapportierung bei Phasenende, beim Erreichen von Meilensteinen oder bei der Kontrolle von einzelnen Lieferobjekten gibt die Teilprojektleitung den Kontrolltakt an.

3.9.3.4
Art der Projektkontrolle

Wir unterscheiden zwischen formeller und informeller Projektkontrolle:

- Die formelle Projektkontrolle basiert auf einem definierten Prozess mit definierten Dokumenten, definierten Rollen und Gremien, denen klare Aufgaben, Verantwortlichkeiten und Befugnisse zugeordnet sind. Wir sprechen in diesem Zusammenhang auch vom Projektberichtswesen. Bis jetzt haben wir ausschliesslich von der formellen Projektkontrolle gesprochen.

- Die informelle Projektkontrolle basiert auf Gesprächen, die Sie mit den Teilprojektleitern oder mit den Projektmitarbeitern führen. Diese Gespräche können geplant oder spontan stattfinden. Die meisten Informationen erhalten Sie aus Gesprächen am Kaffeeautomaten. Aber auch geplante Gespräche liefern Ihnen viele zusätzliche Informationen.

Sie erhalten von Ihren Teilprojektleitern periodisch, jeden Monat, die Statusberichte über den Verlauf der Teilprojekte. Die Projektampeln stehen immer auf grün. Ihr Vorgesetzter hat Sie bereits einige Male darauf hingewiesen, dass er gehört habe, dass bei der Umsetzung Probleme aufgetreten sind, die ein Weiterarbeiten nur schwer möglich machen. Sie verlassen sich auf die Statusberichte der Teilprojektleiter und argumentieren bei Ihrem Vorgesetzten entsprechend. Trotzdem hat Sie der Hinweis auf mögliche Probleme verunsichert und Sie möchten die Aussage Ihres Vorgesetzten überprüfen.

Da die formellen Berichte auf grün stehen und daraus keine Probleme ersichtlich sind, nützen Ihnen diese wenig.

In dieser Situation ist der Wechsel vom formellen ins informelle Projektcontrolling nötig. Folgende Möglichkeiten stehen Ihnen offen:

- Gehen Sie regelmässig durch die Büros und sprechen Sie mit den Mitarbeitern über die Arbeiten. Sie werden sehr schnell von den Problemen erfahren.
- Führen Sie mit den Teilprojektleitern Meetings unter 4 Augen durch und sprechen Sie diese auf mögliche Probleme an.

Sowohl die Unternehmungskultur wie auch Ihre persönliche Führungskultur bestimmen, ob Sie die gewünschten Informationen erhalten. Wenn Sie einen autoritären Führungsstil pflegen, können Sie weniger mit der Ehrlichkeit der Mitarbeiter rechnen. Pflegen Sie einen demokratischen Führungsstil, werden Sie mit hoher Wahrscheinlichkeit ehrliche Angaben erhalten.

Informationen aus Gesprächen am Kaffeeautomaten oder aus spontanen Gesprächen mit Mitarbeitern sind kritisch zu hinterfragen. Die Aussagen sind abhängig von:

- Situation und Zeitpunkt
- Stimmung des Mitarbeiters
- Art der Fragestellung
- Verhältnis zwischen Ihnen und dem Mitarbeiter
- Projektkultur

Ziehen Sie aus solchen Gesprächen keine voreiligen Schlüsse, sondern machen Sie sich ein Gesamtbild aus mehreren Gesprächen und dem Statusbericht.

Übergehen Sie Ihre Teilprojektleiter auf keinen Fall. Sie können mit den Projektmitarbeitern sprechen und sich ein Bild aus den Aussagen machen. Sprechen Sie aber immer mit Ihrem Teilprojektleiter und bilden Sie sich erst anschliessend ein Gesamturteil über die Situation.

Besprechen Sie Massnahmen, die Sie gerne ergreifen möchten, mit den betroffenen Teilprojektleitern ab und übertragen Sie den Teilprojektleitern die Verantwortung für die Umsetzung der Massnahmen.

Die Projektkontrolle hat immer einen formellen (das Berichtswesen) und einen informellen Teil (Führen von Gesprächen).

Zusammenfassend können wir festhalten, dass die Projektkontrolle viele Facetten aufweist, die zu beachten sind. Die richtige Kommunikation ist auch in diesem Bereich ein Schlüsselfaktor.

3.10
Qualitätssicherung

Das Thema Qualitätssicherung in der Softwareentwicklung ist ein altes und auch sehr undankbares Thema.

In diesem Kapitel werden keine der gängigen Normensysteme besprochen, sondern praktische Fälle und die daraus möglichen Lösungen abgehandelt.

Eine gute Qualität erfüllt die Anforderung des Auftraggebers / Bestellers. Die benötigte Qualität zu übertreffen oder nicht zu erreichen sind teure Wege.

Im Kapitel 3.11 „Qualitätsnormen" finden Sie Hinweise zu den aus unserer Sicht wichtigen QS-Normen.

Im Handbuch „Software- und Datenbank-Recht" [1] sind zudem die rechtlichen Verpflichtungen erläutert, die im Zusammenhang mit vertraglichen Qualitätsvereinbarungen, basierend auf Normenwerken, entstehen können.

Etliche der qualitativen Attribute einer IT-Lösung werden in der Literatur auch als „nichtfunktionale Anforderungen" betitelt.

Sie erhalten den Auftrag, für ein neues Projekt, das eine Applikation für Verwaltungsangestellte beinhaltet, die Qualitätssicherung zu gewährleisten. Der Auftraggeber hat aus seinem Umfeld die Information erhalten, dass mit einem QS-System die Software qualitativ besser auf die Bedürfnisse der Endanwender zugeschnitten werden kann und stabiler laufen wird. Der Kunde erläutert, dass ihm besonders das ausreichende Testen am Herzen liegt.

3.10.1
Projekt in der gleichen Firma („inhouse") wie auch für eine externe Firma (Kunde)

Beginnen Sie, die Erwartungshaltung des Auftraggebers zu steuern. Wichtig ist, dem Auftraggeber die Korrelation zwischen Qualität, Zeit und Kosten nahe zu bringen: Mit Qualitätssicherung ist das Projekt für sich alleine betrachtet immer teurer als ohne QS. Zuerst ist einmal zu klären, welche Qualität überhaupt benötigt wird. Dies ist in Abhängigkeit der Benutzergruppe und des Anwendungsgebiets zu beurteilen. Folgende Faktoren spielen dabei eine Rolle:

- Anzahl Benutzer
- Benutzer mit / ohne Kundenkontakt (Schalter / Hausbesuch mit Laptop / Hausbesuch mit Mobiltelefonübertragung / Beratung am Telefon)
- PC-Erfahrung des typischen Nutzers
- Arbeitsdauer mit dem IT-System h/Tag
- Bedeutung eines Ausfalls für die Benutzer
- Bedeutung eines Ausfalls für den Auftraggeber/Besteller

- Unterstützungsorganisation für die Benutzer (Callcenter mit Fachwissen/Callcenter ohne Fachwissen/Powerusers in den Teams / Selfstudy / etc.)
- Zu automatisierende Abläufe
- Datenvolumen
- Systemverfügbarkeit

Vorlage: PowerPoint Template Dateiname: Präsentation Qualitäts- sicherungs- planung.pot

Basierend auf diesen Informationen können Sie beginnen, die adäquaten Massnahmen zu organisieren.

Das bekannte Dreieck mit den Grössen Aufwand & Dauer, Qualität und Lieferumfang kann ebenfalls zur Information des Auftraggebers verwendet werden.

Abb. 29: Qualitätsdreieck

Lieferumfang und Qualität teilen sich das Budget (Aufwand & Dauer). Steigt die Qualität, muss der Lieferumfang zwangsläufig abnehmen und umgekehrt.

Reaktive QS- Massnahmen

Informieren Sie den Auftraggeber / Besteller, dass gewisse Qualitätsaspekte nicht in ein Produkt hineingetestet werden können. Die Tests entsprechen einer **reaktiven** Qualitätssicherung. Das heisst, zuerst wird hergestellt, dann geprüft und in der Folge korrigiert. Im Extremfall sind Teile der Lösung neu zu konstruieren. In der folgenden Tabelle ist aufgeführt, was mittels Tests an einer Lieferung umgehend verbessert werden kann:

Qualitätsmerkmal	Erläuterung / Fragestellung zur Beantwortung der vorhandenen Qualität	Typ	Eignung der Tests
Zuverlässigkeit (Reliability)	Verhält sich die Software in der Laufzeitumgebung so, dass andere Programme nicht gestört werden? Reagiert die Software bei Fehleingaben oder falschen Datenlieferungen mit korrekten Fehlermeldungen oder stürzt die Software ab?	NFA[23]	++
Wartbarkeit (Maintainability)	Kann die Software innerhalb kurzer Zeit durch fachlich oder technisch nicht vertraute Personen gewartet werden (adaptive und korrektive Wartung[24])?	NFA	-
Benutzerfreundlichkeit (Usability)	Kann der PC-erfahrene Benutzer ohne Hilfe sein Tagesgeschäft mit der Lösung abwickeln? Kann der Benutzer die Anwendung auch dann noch bedienen, wenn er diese einen Monat lang nicht benutzt hat?	NFA	+[25]
Zugriffsschutz (Access Security)	Richtige Authentifizierung und Autorisierung des Anwenders und verschlüsselte Verbindung.	NFA	+
Datensicherheit (Backup / data consistency)	Alle Daten sind jederzeit konsistent. Alle Datenmanipulationen hinterlassen korrekte und konsistente Daten. Inkonsistente Daten können gemäss Anforderungen (SLA) zurückgeladen werden.	NFA	+

---

[23] Nicht funktionale Anforderungen

[24] Adaptive Wartung: Weiterentwicklung auf freiwilliger Basis; korrektive Wartung: Weiterentwicklung basierend auf Zwang (Gesetzesänderung, Mängel etc)

[25] Usability Labs erheben den Anspruch, die Wahrheit bzgl. Benutzerfreundlichkeit zu kennen. Ein positiver Usability-Test ist aus unserer Erfahrung keine Garantie für eine akzeptierte Software. Der umgekehrte Fall gilt entsprechend auch. Bedingung: die Tester sind spätere Nutzer und der Nutzerkreis ist klein (< 1'000).

Qualitätsmerkmal	Erläuterung / Fragestellung zur Beantwortung der vorhandenen Qualität	Typ	Eignung der Tests
Durchsatz und Antwortzeitverhalten (Performance)	Das Gesamt- oder ein Teilsystem gibt in der für den Anwender notwendigen Zeit Antwort.	NFA	$+^{26}$
Kompatibilität (Compatiblity)	Tauglichkeit des Einsatzgebietes in einem bereits bestehenden Umfeld. Standards zu CAD, CAM, ERP System, Internetbrowser, Legacy-System, Buchhaltungssystem etc.	FA^{27}	++
Funktionalität bezogen auf Spezifikation (Functionality)	Enthält die SW den zur Bewältigung des Geschäftsfalls notwendigen Umfang an Eigenschaften?	FA	++

Aktive QS
Massnahmen

Schlagen Sie dem Auftraggeber vor, dass besonders der Bereich „Benutzerfreundlichkeit" nur mittels laufender Überprüfungen der Anforderungsspezifikation und der Erstversion der Benutzeroberflächen und der Abläufe zu erfolgen hat. Also nicht erst nach Ablieferung des kompletten Ergebnisses soll auf Benutzerfreundlichkeit geachtet werden. Die verantwortlichen Personen sollen sich laufend die neu erstellten Versionen zeigen lassen oder noch besser diese selbst benutzen.

Die Punkte Wartbarkeit, Datensicherheit, Zugriffsschutz und Durchsatz lassen sich mit **Reviews** vor der Herstellung verifizieren. Noch besser ist natürlich ein professionelles Design – und dem entsprechenden Designreview – mit daraus folgenden Implementierungsrichtlinien, was auf den ersten Blick nicht kostengünstig ist, aber sich auf die Dauer lohnt. Besonders in der heute oft anzutreffenden Multitear[28]-Architektur ist ein umfassendes Design Voraussetzung für eine später erfüllbare Antwortzeit. Bitte vergessen Sie nicht, die zu erwartende Menge an Benutzern in Erfahrung zu bringen.

---

[26] Die Testsysteme geben keinen Rückschluss auf die Produktionsumgebung. Spezielle Testaufbauten erlauben das Verhalten zu simulieren. Erhält man ungenügende Performance-Zeiten, so sind umfangreiche Untersuchungen und ein Redesign der Anwendung normal.

[27] Funktionale Anforderung

[28] Tear (zerreissen): Ursprünglich eine auseinander gerissene Applikation. Heute wird eher eine Mehrschichten-Technologie mit dem Wortbild in Verbindung gebracht.

Sie erhalten vom internen Kunden den Auftrag, eine neue Steuerung für eine auf Fahrzeuge montierbare Hebevorrichtung zu erstellen. Die Steuerung soll so gebaut werden, dass jeder Laie die Hebevorrichtung unfallfrei verwenden kann. Weder kann die Hebevorrichtung überlastet werden, noch darf sie ohne gesichertes Fahrzeug verwendet werden. Ebenso muss die Steuerung verhindern, dass der Schwerpunkt das Fahrzeug zum Kippen bringen kann.

Echtzeitanwendungen stellen noch einmal höhere Anforderungen an das Design und die Herstellung. Solche Lösungen finden oft in prozessrechnertechnischen Applikationen Verwendung und steuern auch Systeme, die sich lebensgefährdend oder/und zerstörerisch verhalten können.

Die ersten Tests solcher IT-Lösungen können über eine Simulationsinstallation erfolgen. Im zweiten Schritt kann eine Miniatur der Maschine gesteuert werden. Letzter Testschritt bildet eine Installation, die mechanisch und elektrisch gesichert ist.

Je nach Gefährdungsgrad soll die Software durch verschiedene Entwicklungsteams mehrfach hergestellt werden. Diese redundante Software ist in der Lage, durch gegenseitigen Vergleich der Resultate im Falle der Uneinstimmigkeit ein System in einen sicheren Zustand zu fahren.

In solchen Projekten können ebenfalls verbindliche Normen, zum Beispiel die DIN-Norm, Anwendung finden. Je nach Anwendungsbereich ist zudem die Abnahme durch eine offizielle Prüfungsstelle erforderlich (siehe hierzu auch [1]).

Keinesfalls sind in solchen Anwendungsbereichen die für Bürosoftware üblichen qualitativ niedrigen Massstäbe anzuwenden.

Für ein bereits laufendes Projekt des Kunden, das nicht befriedigend abgewickelt wird, sollen Sie die Situation analysieren und qualitätssichernde Massnahmen einleiten mit dem Ziel, das Projekt in geordnete Bahnen zu lenken. Aus einem ersten Gespräch erfahren Sie, dass die Benutzer sich nicht einigen können, ob das erstellte Softwareprodukt nun den gestellten Anforderungen entspricht oder nicht. Zudem stellt sich heraus, dass der externe Lieferant die Kosten bereits um das Doppelte überschritten hat und dies zum Verdruss des Auftraggebers jeweils mit „belegbaren Änderungen in Bezug auf die gestellten Anforderungen" begründet.

Fordern Sie die Anforderungsspezifikationen des Kunden. Diese sind dann auf folgende Angaben und Inhalte zu prüfen:

- Abschliessend beschriebene Anforderungen
- Abläufe (Use Cases/Ablaufdiagramme) von Online- und Batch-Transaktionen
- Beschreibung von Formeln und Regeln
- Beschreibungen von Abhängigkeiten
- Soll- und Ist-Netzwerk-Topologie
- Transaktionen pro Stunde/Sekunde
- Datenvolumen-Steigerung pro Monat/Jahr
- Soll-Transferraten
- Bildschirmmasken-Entwürfe
- Servicezeiten
- Sicherheitsanforderungen
- Betriebszeiten
- Maximale Ausfallrate

Als Nächstes prüfen Sie den Vertrag, dieser stellt im weitesten Sinne auch ein qualitätssicherndes Dokument dar.

Der Unternehmer/Auftragnehmer muss in der Lage sein, seinen Ist- und Soll-Fortschritt bezüglich Lieferung und Änderungen dokumentiert aushändigen zu können.

Bei einem Werkvertrag muss geregelt sein wem die Urheberrechte am Werk gehören, resp. wie allfällige Urheberrechtsgebühren bei der Weiterverwendung oder bei Wiederverkauf des Werks abzugelten sind. Je nach Vertragsart muss der Unternehmer / Auftraggeber die Bücher offen oder geschlossen halten.

Im Vertrag muss eine Referenz auf die Dokumente, die den Lieferumfang definieren, enthalten sein.

Die Funktionalität wird durch den Auftraggeber/Besteller definiert (Vertrag und Abgenommene Anforderungsspezifikation).

Ist der bestellte Lieferumfang ungenügend beschrieben, so ist das nachzuholen. Ansonsten werden die sofort eingeleiteten Kontrollmassnahmen zur Lieferung und den noch zu erbringenden Leistungen nicht greifen.

Am definierten Lieferumfang lassen sich die ausgeführten Änderungen identifizieren. Katalogisieren Sie diese und lassen Sie sie vom Besteller / Auftraggeber postum bewilligen.

Zur Verbesserung der Wartbarkeit sind sämtliche Quellcodes auf die Änderungsdokumentation zu untersuchen und bei Nichtvorhandensein zu ergänzen. Eine Ausnahme bildet der Werkvertrag, falls der Quellcode nicht Teil der vereinbarten Lieferung ist. Selbstverständlich steigt das Vertrauen in den Unternehmer, wenn seine Quelldokumente professionell gepflegt sind.

Wie in der „Situation" beschrieben, sind sich die Benutzer des Kunden bei den ersten Abnahmen nicht einig, was eigentlich hätte geliefert werden sollen. Der Besteller muss mit den Fachstellen die Anforderungen und die benötigten Änderungen neu beurteilen. Neue Ansprüche führen logischerweise zu Änderungen im Projekt.

Damit die Unterstützung des Projekts von allen Benutzern gewährleistet bleibt, ist es wichtig, dass alle Anwender zumindest einen Teil ihrer Forderungen verwirklicht sehen. Ist das nicht möglich, so empfehlen wir, die Lieferung der neuen Anforderungen in einem Releaseplan zeitlich eingeteilt mit Lieferfristen aufzulisten.

Ein bestelltes Werk umfasst die komplette Software für die Berechnung des Strömungsverhaltens in Kanalsystemen. Da die Lieferung im Rahmen eines Werkvertrages mit Fixpreis erfolgt, hat der Lieferant die Bücher geschlossen. Das Projekt hat aus terminlicher Sicht Halbzeit. Der Besteller hat noch keinen lauffähigen Code erhalten, der Lieferant berichtet jedoch laufend Status grün. Der Kunde befürchtet, dass die Software die geforderte Leistung nicht erbringen und den Funktionsumfang nicht in der vereinbarten Frist erreichen wird. Sie erhalten den Auftrag, den Stand des Projekts zu prüfen.

Untersuchen Sie, welche Meilensteine und dazugehörigen Lieferungen vertraglich vereinbart wurden. Diese sollten im Werkvertrag oder in einem im Werkvertrag genannten Dokument (Plan) definiert sein.

Dazu gehören:

- Erster Entwurf der Anforderungsdokumentation (Analyse)

- Abgenommene Anforderungsdokumentation (Analyse)

- Evaluationskriterien erster Entwurf & Abnahmetermin

- Abgeschlossene Erstellung der „Short List" (bei Evaluationen)

- Entscheidung für SW/HW

- Testbereiter Prototyp der GUIs

- Abnahme des Prototyps

- Erstellte Designunterlagen der Software

- Abgenommene Designunterlagen der Software

- Programme xy modultestbereit

- Funktionsblöcke xy integriert und testbereit

- Erfolgte Abnahme der Funktionsblöcke xy

- Betriebsdokumentation erster Entwurf erstellt

- Betriebsdokumentation abgenommen

- Endbenutzerdokumentation erster Entwurf erstellt

- Endbenutzerdokumentation abgenommen

- Testdaten erstellt

- Testinfrastruktur bereit

- Schulungskonzept erstellt

- Schulungsinfrastruktur bereit

Anschliessend sind die tatsächlichen Lieferungen und deren Abnahmen auf terminliche Einhaltung und Korrektheit zu prüfen.

Oft ist bei einer unbefriedigenden Projektsituation nicht nur der Unternehmer, sondern auch der Besteller im Verzug.

Verifizieren Sie aus diesem Grund auch, ob die Anforderungen vom Besteller rechtzeitig und vollständig dem Unternehmer geliefert wurden. Ihre Vollständigkeit kann mit einem **Review**[29] geprüft werden. Nur wenn die Anforderung vollständig und inhaltlich korrekt ist, kann der Unternehmer auch korrekt liefern – eine Binsenweisheit.

Als IT-Projektleiter kennt man unter Umständen die Fachrichtung nicht in genügendem Umfang. Lassen Sie daher die Mittel für das Hinzuziehen eines Fachspezialisten bewilligen.

Wurde die Herstellung an einen Unterlieferanten delegiert, ist zu prüfen, ob dieser mit der Branche vertraut ist und wie dieser die Anforderungen verstanden hat. Hatte er nach Erhalt der Anforderungen keine Kritik erhoben oder keine Verbesserungen vorgeschlagen, so ist ein Designreview oder Codereview dringend angesagt.

Nach Abschluss der Reviews haben Sie Gewissheit, ob die Lieferungen bis jetzt terminlich und inhaltlich korrekt erbracht wurden respektive ob die nächsten Termine eingehalten werden können. Muss festgestellt werden, dass Termin und / oder Inhalt der Lösung nicht mehr realistisch sind, so sind Massnahmen[30] und **Verantwort-**

---

[29] Bei einem Review wird ein Lieferobjekt durch Spezialisten auf formale und inhaltliche Korrektheit geprüft. Den Review zählen wir zu den aktiven QS Massnahmen.

[30] Zur Qualitätssicherung gehört, dass für jeden Punkt eine Person die Verantwortung zu übernehmen hat.

lichkeiten zu den Massnahmen festzulegen. Die Suche nach einem Schuldigen überlassen Sie besser dem Gesamtprojektleiter oder dem Steuerungsausschuss.

3.10.2
Folgekosten durch mangelhafte Software

Wie zu Beginn des Abschnitts Qualität beschrieben, lässt sich bei gleich bleibendem Budget und Termin in der Regel nur an der Qualität schrauben oder der Funktionsumfang ändern. Da eine reduzierte Qualität eigentlich nie eine Option darstellt, kann nur mit einer Verschiebung des Termins oder einer Reduktion des Funktionsumfangs das Projekt gerettet werden. Oft besteht ein Besteller darauf, dass die Lieferung gemäss Werkvertrag zu erfolgen hat. Überzeugen Sie die für das Projekt verantwortlichen Mitarbeiter davon, dass eine spätere vollständige und qualitativ richtige Applikation geringere Kosten verursacht als voreilig in Betrieb genommene Produkte.

Die Gesamtkosten einer Software bleiben konstant, egal ob diese vor oder nach der Inbetriebnahme anfallen. Ein verfrühter Projektabschluss nutzt höchstens dem Projektverantwortlichen, der dabei das Projektbudget einhalten kann. Die Wartung jedoch kann umso teurer ausfallen. Zudem entstehen im Betrieb Zusatzkosten durch Behinderung der Anwender und durch **beschädigte Geschäftsdaten**.

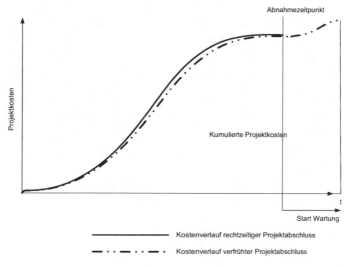

Abb. 30: Projektkostenverlauf

Ausnahmen, die eine rechtzeitige, aber mit Mängeln versehene Auslieferung einer Applikation rechtfertigen, sind genauestens zu prüfen und durch den Projektsteuerungsausschuss des Bestellers ausdrücklich zu genehmigen.

Solche Ausnahmen können sein:

- Kleiner spezialisierter Benutzerkreis, der terminlich schwer zu koordinieren ist und mit Mängeln der Software korrekt umgehen kann.

- Externes Ereignis, das selten auftritt und nur mit dieser Software zu verarbeiten ist. Die Mängel können organisatorisch abgefedert werden → Callcenter oder Peers.

Überhaupt nicht zu empfehlen ist die vorzeitige Auslieferung, wenn der Benutzerkreis gross ist und/oder das Kerngeschäft des Bestellers von dieser Lösung abhängig ist.

Sie sollen, als erfahrener Projektleiter, ein Projekt zur Erstellung eines E-Shops durchführen. Die Anzahl der Nutzer ist Ihnen von der Marketingabteilung in Form der Anforderungsspezifikation bekannt gegeben worden. Da mit der verwendeten Technologie aus Ihrem Hause noch keine Lösung erstellt wurde, ist herauszufinden, wie das geforderte Antwortzeitverhalten erfüllbar wird.

Das Design der Anwendung muss von Anfang an auf die Performance ausgerichtet sein. Hierfür sind Sie auf umfassendes – meist teures – Spezialwissen angewiesen. Verpflichten Sie einen unabhängigen Spezialisten. Oft bietet der Hersteller der Laufzeitumgebung oder der Entwicklungsumgebung eine Dienstleistung dieser Art an. Wir raten von der Benutzung dieser Angebote eher ab. Sie können vom Hersteller genötigt werden, das Design und später die Software immer wieder anzupassen, selbst dann, wenn eigentlich sein Produkt einer Optimierung bedürfte.

Der Rat des Herstellers kann jedoch als zweite Meinung herbeigezogen werden.

Sobald die ersten End-to-End funktionsfähigen Softwaremodule vorhanden sind, benötigen Sie ein Performance-Labor. Hier lässt sich das Antwortzeitverhalten der Lösung möglichst realitätsnah simulieren. Die Resultate erlauben eine weitere Optimierung der Software. Verzichten Sie nicht auf ein solches Vorgehen.

Sofern der Besteller aus Kostengründen auf diese Tests verzichten will, lehnen Sie die Verantwortung für das Qualitätsziel am besten ab. Sie können die Einhaltung der Performance-Anforderung nicht garantieren.

Sie werden beauftragt, ein Projekt, dessen erste erfolgte Lieferungen den Performance-Anforderungen nicht genügten, weiterzuführen. Die Performance der Anwendung ist ein Schlüsselfaktor für deren Anwendbarkeit. Diese nicht funktionale Anforderung wird vom Besteller in jedem Fall benötigt. Aus ersten Erläuterungen des Bestellers wurde angeblich bereits leistungsfähigere Hardware gefordert und installiert.

Beauftragen Sie Experten der Laufzeitumgebung oder Datenbank, die Situation zu analysieren und Verbesserungsvorschläge zu unterbreiten.
Analyse der kürzesten Antwortzeiten:

1. Eine Testumgebung für die Tempoverbesserungen muss installiert werden.
2. Lassen Sie das maximale Tempo ohne Datenvalidierung, Zugriffsschutz, langsame Datenleitungen, Indexupdate etc. ermitteln. So erhalten Sie eine Basisgrösse zur Orientierung. Ist selbst diese Basisgrösse zu langsam, so sind prinzipielle Designänderungen unumgänglich. Ist die Basisgrösse ausreichend, so kann das Tuning auf dem bestehenden Design erfolgen.
3. Lassen Sie Experten die notwendigen Zusatzfunktionen Schritt für Schritt wieder aktivieren und dabei das Antwortzeitverhalten überwachen.

Klagen über schlechte Antwortzeiten werden oft bei Online-Abfragen über grössere und umfassende Datenbestände geäussert. Zu diesen Szenarien müssen Fragen zur Aktualität der Daten mit dem Kunden geklärt werden. Tagesaktuelle Suchtabellen erlauben rasche Antworten. Brandaktuelle Suchergebnisse zu grossen Datenbeständen sind eher batchorientiert zu realisieren. Eine schnelle und aktuelle Systemantwort kann der Kunde ab einer gewissen Datenmenge nicht erhalten.

Sie werden beauftragt, ein Projekt zu prüfen, für das der Werkvertrag soeben abgeschlossen wird. Sie führen die Prüfung im Auftrag der „GastroDel" durch. Die Firma „GastroDel" ist eine Holding und auf die Belieferung von Restaurants und Gaststätten spezialisiert. Die Holding besteht aus drei Firmen. Die Software umfasst die Steuerung eines chaotischen Lagers, die Bestellung und Abwicklung sowie den Anschluss an eine bestehende Finanz- und Betriebsbuchhaltunglösung. Der Hersteller der Software ist die Firma „AsofT". Ihr Auftraggeber will von Ihnen ein Gutachten, ob die Offerte realistisch ist.

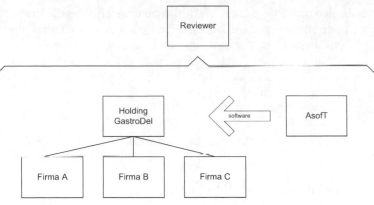

Abb. 31: Situation: Holding als Besteller

Anforderungen

Überprüfen Sie, ob je Holdingmitglied die funktionalen und nicht-funktionalen Anforderungen erhoben wurden.

Die Qualität eines Projekts mit einem strukturell komplexen Kunden beginnt bereits beim Vertrag. Im Vertrag muss klar ersichtlich sein, welche Anforderungen von welchem Teil der Holding gestellt wurde und welche Anforderungen von allen Firmen der Holding zusammen gefordert werden.

Aufwandschätzung

Prüfen Sie, wie die Firma AsofT die Aufwandschätzung erstellt hat und auf welcher Erfahrung diese aufbaut.

- Ist dies der erste komplexe Auftrag, den die Firma AsofT je erfüllt hat?

- Ist die Branche des Kunden „GastroDel", die Technologie oder beides für die AsofT neu?

- Sind technische Spezialwünsche der „GastroDel" zu berücksichtigen, wie beispielsweise die Anbindung an ein betagtes, proprietäres Finanzbuchhaltungssystem?

- Sind spezielle Geräte anzubinden? Eventuell hat die „GastroDel" exotische Hardware, die noch nicht abgeschrieben ist (Drucker, Lagersystem, Scanner, etc.).

In jedem Fall sollte ein solches Projekt nicht unter 5-7 Personenjahre offeriert werden.

Termine

- Zu welchen Terminen wurde der Unternehmer AsofT vom Besteller „GastroDel" verpflichtet?

- Sind alle Firmen der Holding von den gleichen Terminen abhängig?

- Welche externen Ereignisse sind an die Termine gebunden (z.B. Lieferung der Software vor Weihnachten, da das Neujahrsgeschäft und gleichzeitig der Jahresabschluss mit der neuen Lösung abgewickelt werden sollen)?

Entwicklungsdisziplin

- Hat die Firma AsofT Erfahrung mit Projekten in diesem Umfang (Zeit und Aufwand)?

- Wie wurden vergangene Projekte der „AsofT" dokumentiert?

- Wie wurden die Projektdaten bei der „AsofT" archiviert?

- Mit welchem Versionenverwaltungswerkzeug arbeitet die „AsofT" oder werden die Quelldaten einfach auf einer Disk-Struktur abgelegt?

- Ist es der „AsofT" möglich, jederzeit auf einen vorherigen Stand der Software zuzugreifen und diesen Stand auch in Betrieb nehmen zu können?

- Sind bei der „AsofT" die Daten zuverlässig geschützt (Zugriff und Verlust)?

- Wie stellt die „AsofT" sicher, dass die Software wartbar und erweiterbar bleibt?

Sie stellen hausintern eine Software für die Administration von vermieteten Garten- und Haushaltsmaschinen her. Die Software ist eine Ergänzung zum bestehenden System. Sie erhalten den Auftrag, das Projekt in einer gewünschten Zeit durchzuführen. Das Budget ist ebenfalls bereits definiert. Aus eigener Erfahrung wissen Sie, dass das Budget aber eine sekundäre Rolle spielt. Hauptsache ist, dass die Lieferung termingerecht erfolgt, da mit der Software ein Geschäftsziel zu unterstützen ist. Die Abnahme von Spezifikationen verläuft in dieser Firma in der Regel problemlos, oft sind aber Änderungen in letzter Minute vor der produktiven Einführung der Software die Regel. Dies führte meist zu hektischen Nachbesserungen und neuen Fehlern. Fehlerbehebungslieferungen während mehrerer Monate nach Inbetriebsetzung sowie unzufriedene Endbenutzer waren die Konsequenz. Sie wollen dies nun ändern.

Verbindliche Abnahme der Spezifikation

Versuchen Sie mit dem Management einen möglichst genauen Inhalt der Spezifikation und eine seriöse Abnahme zu erreichen. Zeigen Sie die Zusammenhänge zwischen unpräzisen Spezifikationen, der Akzeptanz des Endprodukts und dem erhöhten Investitionsbedarf auf.

Mit grosser Wahrscheinlichkeit wird das Management aus unserer Erfahrung dieses Vorgehen nicht unterstützen: „Wie soll ich wissen, was ich brauche, bevor ich sehe, was ihr baut." Die Erfahrung zeigt, dass erst mit der Anwendung einer neuen Applikation die wichtigen und richtigen Bedürfnisse zum Vorschein kommen.

Nageln Sie den internen Auftraggeber jedoch zu sehr auf der Genauigkeit der Spezifikation fest, kann dies eine ewig dauernde Analyse in Gang setzen – im Englischen existiert hierzu der Ausdruck „analysis paralysis".

Als Alternative zu einer kaum erreichbaren 100%ig richtigen Spezifikation kann eine lange Testzeit oder noch besser ein Pilotbetrieb definiert werden. Die betroffenen Mitarbeiter werden dabei allerdings in ihrem Tagesgeschäft zum Teil behindert. Dafür kann nach Abschluss des Piloten mit der Applikation fehlerfrei[31] gearbeitet werden.

In einer Firma wurden in der Vergangenheit Applikationen offensichtlich zu wenig getestet, was zu äusserst unzufriedenen Endbenutzern geführt hat. Der Testaufwand war aus Sicht der Informatikabteilung immer genügend: Die gefundenen Mängel wurden gezählt, die Qualität war aus deren Sicht gewährleistet. Die Tests wurden zum jeweils geplanten Lieferzeitpunkt abgeschlossen. Sie erhalten den Auftrag, ein Konzept auszuarbeiten, wie lange und wie intensiv getestet werden soll.

Unabhängig davon, ob Sie ein hausinternes Projekt oder ein Projekt für einen externen Kunden betreuen, gilt es zu klären, ob die Einhaltung des Endtermins oder die optimale Qualität Priorität haben. Steht die Qualität über der pünktlichen Lieferung, so bieten sich diverse Möglichkeiten der Qualitätsmessung an:

Testabbruchkriterien

Grundsätzlich stellt sich immer die Frage, wann mit dem Testen aufgehört werden soll. Die simple, kostengünstige, etwas unprofessionelle Art ist die Zählung der Testszenarien und deren fehlerfreie

---

[31] Unter fehlerfrei ist nicht gemeint, dass die Applikation keine Fehler mehr enthält, sondern dass die Menge und Art der Mängel keine geschäftsgefährdenden Auswirkungen haben.

Durchführung. Werden alle Szenarien ohne Mängel durchlaufen, so kann die Testphase abgeschlossen werden. Diese Methode berücksichtigt allerdings zu wenig die Grösse der Software. Auch verliert das Testen seinen eigentlichen Sinn, Mängel zu finden.

Der ideale Abschlusszeitpunkt des Testens wird gefunden, indem zuerst definiert wird, mit wie viel Aufwand im Durchschnitt zu testen ist, bis ein Fehler gefunden wird. Der Aufwand ist abhängig von:

- Schwere des Mangels
- Anzahl der Anwender
- Wissenstand der Anwender
- Anwendungsart der Software
- Belastbarkeit des Support-Centers
- Verfügbarkeit des Entwicklungsteams zum Beheben von Mängeln

Es ist sinnvoll, die gesammelten Daten grafisch auszuwerten.
Kann ein Nutzer zum Beispiel einen schweren Mangel pro zehn Arbeitstage verkraften, so kann die Applikation nach Erreichen dieses Werts ausgeliefert werden.

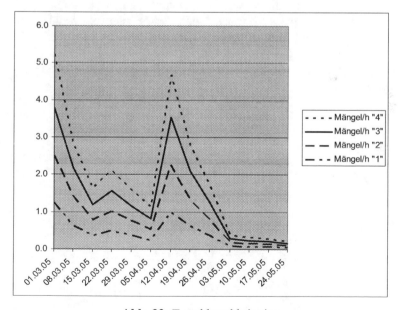

Abb. 32: Testabbruchkriterien

Entscheidend ist in diesem Zusammenhang auch der Trend der Mess-Ergebnisse. Gemessen wird in Mängel pro Stunde. In der Grafik unten ist ersichtlich, wie neue Testversionen die Kurve beeinflussen. Ist die Testphase lang andauernd und bewirkt mehrere Lieferungen, so entsteht die „Sägezahngrafik". Jede Lieferung enthält wieder neue Mängel.

- Mangel 1:
  Schwerer Mangel, durch den Anwender nicht umgehbar

- Mangel 2:
  Schwerer, zerstörerischer Mangel, durch den Anwender mit einer anderen Funktion umgehbar

- Mangel 3:
  Leichter Mangel, durch den Anwender mit einer anderen Funktion umgehbar

- Mangel 4:
  Kosmetischer Mangel

Überlappendes Testing
Dieser Ansatz hat aus finanziellen Gründen für Büroapplikationen eher theoretischen Wert und wird selten bis nie angewendet. Die Idee besteht darin, zwei oder mehrere Teams dieselbe Software testen zu lassen. Ist die Menge an gleichen Mängeln klein, so muss davon ausgegangen werden, dass noch viele Fehler im Produkt vorhanden sind. Sind die Mengen deckungsgleich, so kann vermutet werden, dass diese die noch existierenden Fehler umfassen. Nach deren Behebung kann somit das Softwareprodukt dem Kunden ausgeliefert werden.

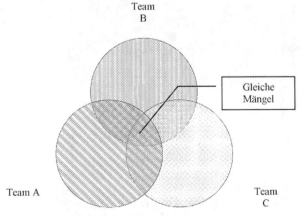

Abb. 33: Überlappendes Testing

Fazit zur Qualitätssicherung: An der Qualität sollte nicht gespart werden, denn der hergestellten Technologie ist es egal, wie wichtig ihr Einsatz ist. Sie funktioniert oder eben nicht.

3.11
Qualitätsnormen

In diesem Kapitel wird hauptsächlich auf Qualitätsnormen und Normensysteme eingegangen.

Die Kommentare reflektieren unsere persönliche Meinung und müssen sich daher nicht zwingend mit Ratschlägen von Institutionen oder anderer Autoren decken.

In der IT gilt wie in den meisten anderen Branchen der Grundsatz: Entweder du kennst fähige Personen oder Firmen, oder du kaufst die Katze im Sack. Genau gegen dieses Übel sollten die diversen Normensysteme Abhilfe schaffen, durch ein Zertifikat, das bescheinigt, dass eine Firma Produkte in guter Qualität liefert. In der Praxis liefern sowohl zertifizierte als auch andere Firmen gute wie schlechte Resultate ab.

3.11.1
ISO 9000 / EN 29000

Den ISO-9000-Zertifizierungen wurde Anfang der 90er Jahre die Heilsbringung im Kampf gegen unzuverlässige Softwarefirmen angedichtet. Da damals die Zertifizierung hauptsächlich in der vollständigen Dokumentation der benötigten Prozesse bestand und nicht in deren Verbesserung, blieb ihre Wirkung unter den Erwartungen. Als Druckmittel wurde damals stipuliert, dass öffentliche Verwaltungen zertifizierten Firmen den Vorzug geben würden. Auch das hat sich in der Praxis nicht bewahrheitet.

Die ISO-9000-Zertifizierung umfasst seit Ende der 90er Jahre auch das Thema Prozessverbesserung und Prozessreife. Insofern lässt sich daraus durchaus erkennen, ob eine Firma zumindest die eigenen Prozesse kennt und bemüht ist, diese zu verbessern.

3.11.2
CMMI (Capability Maturity Model Integration)

CMMI wird von der Carnegie Mellon University „Software Engineering Institute" (SEI) getragen. Wer CMMI verwendet, ist also von den Entscheidungen des SEI abhängig.

CMMI bewertet vor allem die Reife einzelner Prozesstypen in einer Organisation. Die Einstufung ist von der realen systematischen Verbesserung der Prozesse abhängig. Dieses Verfahren zerrt die in der IT traditionell mangelhaften Prozessverbesserungen ans Tageslicht (siehe hierzu auch Informationen gemäss Literaturverzeichnis [3]).

Die fünf Benotungsstufen sind:

Stufe	Augenmerk auf	Hauptprozesse
1	Schlüsselpersonen	Keine Prozesse definiert, reaktives Arbeiten, Informatik auf Zuruf[32]
2	Projektmanagement-Verfahren aus Erfahrung	Anforderungen, Projektplanung, Projektkontrolle, Unterlieferantenmanagement, Qualitätssicherung, Konfigurationsmanagement. Einzelne Projekte werden nach einem definierten Verfahren durchgezogen. Je nach Stabilität der Verfahren fällt eine Organisation in die Stufe 1 zurück oder entwickelt sich weiter zu Stufe 3.
3	Sammlung der Projektmanagement-Erfahrung und organisationsweite Anwendung	Die Erfahrungen aus den Projekten werden gesammelt und der Organisation als Gesamtes zur Verfügung gestellt und durchgesetzt.
4	Systematisches Messen der Erfahrung	Definierte Messungen während der Verwendung der Prozesse werden zu deren qualitativen Verbesserung herangezogen..
5	Bewusstes Verändern der Prozesse	Die Qualität der Messdaten ist hoch genug, dass Prozesse bewusst verändert werden können, die Auswirkungen vorhergesagt und wiederum gemessen werden können.

Tab. 12: CMMI-Stufen

---

[32] Zuruf-Informatik: Aufträge werden firmenintern mittels Beziehungsnetz neben dem strategischen Projektportfolio vorbei an IT-Kollegen erteilt. Das Unternehmen leidet so an einer chronisch überlasteten, orientierungslosen Informatikabteilung.

3.11.3
ISO 15504

Der ISO-15504-Standard bietet sich als Alternative zu CMMI an.[33]

Das ISO-15504-Referenzmodell definiert sechs Prozessbereiche zur Verbreitung und Festigung der gesammelten Erfahrungen in einer Unternehmung:

1. Ausrichtung der Organisation. Jeder Mitarbeiter in der Organisation kennt die Vision, Kultur und die Leitsätze der Unternehmung. Die Geschäftsziele sind klar.

2. Verbesserung des Prozesses der Softwareherstellung von der Idee bis zu Abschaltung (software life cycle) eines Softwareprodukts. Die Prozesse werden nicht nur definiert und umgesetzt, sondern zudem laufend verbessert. Die Verbesserungen werden durch ein gezieltes Reviewverfahren gesteuert.

3. Aktive Personalpflege, so dass Rollen, Ausbildung und Mitarbeiter optimal auf die Bedürfnisse der Unternehmung passen.

4. Prozess zum Aufbau und Unterhalt der benötigten Infrastruktur. Die Infrastruktur umfasst Hardware, Software, Technologien, Methoden, Werkzeuge und Standards. Die Infrastruktur muss alle an sie gestellten Anforderungen erfüllen können.

5. Überprüfung und Verbesserung der Messkriterien zur Beurteilung von Qualität und Produktivität unter Berücksichtigung der aktuellen und historischen Messdaten.

6. Prozess zur Einführung und Optimierung der Wiederverwendung von erstellter Software.

3.11.4
Fazit zu den Zertifikaten

Ein Zertifikat bringt nur etwas, wenn das Bewertungsverfahren für alle einheitlich und wertsicher ist und die zertifizierte Firma nach diesen Normen handelt.

---

[33] Siehe Literaturverzeichnis [4] auf Seite 186.

Basierend auf einer Ausschreibung für die Herstellung eines Werks haben Sie verschiedene Offerten erhalten. Die offerierten Kosten liegen zwischen 600'000 bis 990'000 Euro. Die Geschäftsleitung bevorzugt die Firmen mit dem ISO-Zertifikat. Leider sind die Offerten dieser Firmen preislich am oberen Limit. Die Finanzabteilung will eher auf das Angebot einer Firma ohne Zertifikat eingehen. Ihre Aufgabe als Gesamtprojektleiter besteht darin, das optimale Angebot auszuwählen:

Transparente Offerten sind grundsätzlich zu bevorzugen.

Folgende Prüfungen können eine Erklärung für die Preisunterschiede ergeben:

- Unterschiede im Lieferumfang (Dokumentationen, Prototypen, Testumgebungen, Qualifikation der Mitarbeiter, Qualitätssicherungsmassnahmen, etc.)

- Erfahrung in der Branche (Wiederholbarkeit oder Ähnlichkeit des Auftrags)

- Erfahrung in der Technologie

- Taktische Offerte, das heisst „den Fuss in die Tür kriegen". Auf die Solvenz des Unternehmers achten – kann dieser ein Investitionsprojekt finanziell verkraften?

- Firmengrösse des Lieferanten und damit einhergehende Gemeinkosten, die abgewälzt werden müssen. Der Punkt sollte nicht unbedingt ein K.o.-Kriterium sein.

- Eigentum am Werk (beim Besteller, beim Unternehmer)

- Standardisierung der Entwicklung und der Hilfsmittel (evtl. Besuch beim Unternehmer)

- Methoden der Prozessverbesserungen beim Unternehmer

- Planungsdisziplin des Unternehmers

- Wartung des Werks nach Lieferung

Die billigste Offerte ist nicht immer die günstigste!

3.12
Change Management in Projekten

Zuerst definieren wir, was wir unter Change Management in Projekten verstehen.
Wir kennen verschiedene Arten von Change Management:

- Human Change Management, auch Veränderungsmanagement genannt. Darunter verstehen wir das geplante, gesteuerte und kontrollierte Verändern von Strukturen und Prozessen. Das Veränderungsmanagement beschäftigt sich mit Fragen der Organisation, des Personalmanagements, der Unternehmensführung sowie der Information und Kommunikation.

- Einbringen von Neuerungen und Verbesserungen, Änderungen und Korrekturen in eine bestehende Informatiklandschaft. Im Mittelpunkt dieses Change Managements steht das Bestreben, den Änderungsprozess unter Kontrolle zu halten und die Störungen, verursacht durch Changes, auf ein Minimum zu reduzieren.

- Change Management in Projekten. Darunter verstehen wir die Kontrolle von geänderten Anforderungen, Rahmenbedingungen und Restriktionen in Projekten nach der Unterzeichnung des Projektauftrags zwischen dem Auftraggeber und dem Projektleiter.

3.12.1
Zweck des Change Managements in Projekten

Sie leiten ein Projekt, das zum Ziel hat, die Service-Management Prozesse einer dezentral organisierten Informatik zu definieren, zu schulen und einzuführen. Im Projektauftrag haben Sie sich mit dem Auftraggeber geeinigt, welche Prozesse im Rahmen des Projektes eingeführt werden sollen. Schon im Vereinbarungsprozess ist Ihnen aufgefallen, dass der Auftraggeber sich kein klares Bild über den Umfang der Prozesse macht. Nun haben Sie in den letzten Tagen vom Auftraggeber zwei Mails erhalten, in denen er Sie um Folgendes bittet:

- Die Analyse und Optimierung des bestehenden Standardisierungsprozesses in den Projektscope aufzunehmen.

- Das Tool, das eine andere Informatikeinheit des Unternehmens zur Prozesssteuerung einsetzt, zu beurteilen und eine Empfehlung abzugeben.

Da Sie bis jetzt ein gutes Verhältnis mit dem Auftraggeber pflegen und dieses nicht gefährden wollen, sind Sie unsicher, wie Sie sich verhalten sollen.

Es gibt in diesem Fall nur ein richtiges Vorgehen:

- Prüfen Sie, ob die zwei „Bitten" des Auftraggebers im Projektauftrag enthalten sind. Wenn ja, müssen Sie die gewünschten Aufträge in Ihre Planung aufnehmen.

- Wenn die „Bitten" nicht im Projektauftrag enthalten sind, suchen Sie das persönliche Gespräch mit dem Auftraggeber und zeigen ihm auf, dass die Wünsche nicht im Auftrag enthalten sind. Vor diesem Gespräch klären Sie ab, was die Umsetzung der zwei neuen Anforderungen zur Folge hätte. Betrachten Sie dabei folgende Aspekte:

    - Die Kosten- und zeitlichen Folgen, verursacht durch die Aufnahme der neuen Anforderungen sowie den Einfluss auf die anderen Lieferobjekte des Projekts.

- Erläutern Sie dem Auftraggeber die Folgen der gewünschten zusätzlichen Anforderungen.

- Vereinbaren Sie mit dem Auftraggeber die daraus entstehenden Änderungen der Projektplanung. Halten Sie die Vereinbarung schriftlich fest. Dies kann mittels Protokoll des Steuerungsausschusses erfolgen.

Falls der Auftraggeber darauf besteht, dass Sie die zusätzlichen Anforderungen in das Projekt aufnehmen, aber nicht bereit ist, mehr finanzielle Mittel oder mehr Zeit zur Verfügung zu stellen, halten Sie diesen Umstand ebenfalls schriftlich fest und informieren Sie den gesamten Steuerungsausschuss.

Falls zu einem späteren Zeitpunkt Probleme im Projekt auftreten, die auf die zusätzlichen Anforderungen zurückzuführen sind, können Sie darauf verweisen.

Auf keinen Fall sollten Sie dem Auftraggeber eine Absage per Mail erteilen. Der Interpretationsspielraum von Mails ist sehr gross und Sie riskieren auf diese Weise das gute Verhältnis mit dem Auftraggeber.

Änderungen von Anforderungen, Rahmenbedingungen und Restriktionen können folgende Auswirkungen haben:

- Funktionsumfang verändern

- Änderungen von Funktionen verursachen

- Kosten und Nutzen und damit die Wirtschaftlichkeit verändern

- Termin beeinflussen
- Änderungen in den Qualitätsbedürfnissen verursachen
- Neue oder geänderte Risiken zur Folge haben
- Projektablauf verändern

Mit dem Change Management in Projekten verhindern Sie, dass der Projekterfolg durch laufende Anpassungen von Anforderungen, Rahmenbedingungen und Restriktionen gefährdet wird. Im folgenden Kapitel betrachten wir den Ablauf des Change Managements in Projekten.

3.12.2
Change-Management-Prozess in Projekten

In der folgenden Grafik ist der Prozess beschrieben, wie mit Änderungen verfahren werden muss. Wir betrachten uns im Folgenden die einzelnen Schritte des Prozesses.

Abb. 34: Change-Management-Prozess

Änderungswunsch:
Der Wunsch nach einer Änderung geht bei Ihnen als Projektleiter,
bei einem Teilprojektleiter oder bei einem Projektmitarbeiter ein.

Änderung wahrnehmen und erfassen:
Die Änderung wird als solche erkannt und erfasst. Zur Erfassung der
Änderungen gibt es einfache Methoden. Wir empfehlen pro Change
ein Dokument zu erstellen:

Änderungswünsche werden, wie uns die letzte Situation gezeigt hat,
nicht immer offenkundig als solche deklariert an uns herangetragen.
Oft verstecken sich Änderungen in Mails oder in Gesprächen, die
geführt werden. Workshops sind ebenfalls Brutherde für neue oder
geänderte Anforderungen. Sensibilisieren Sie Ihre Projektmitarbeiter
und sich selber auf die Wahrnehmung von geänderten oder neuen
Anforderungen.

Änderung bewerten:
Die Auswirkung der Änderung auf Kosten, Nutzen, Wirtschaftlichkeit, Termin, Funktionsumfang, Qualität, Risiken und Projektablauf
wird ermittelt.

Änderungsantrag	Projekt:	
	Projektleiter:	
	Teilprojektleiter:	

Änderung		
Nummer:		
Teilprojekt:		
Datum:		
Antragsteller:		
Beschreibung der Änderung:		

Beschreibung der möglichen Lösungen						
Variante	Beschreibung der Variante	Auswirkungen			Vorteile	Nachteile
		Funktionell	Finanziell	Terminlich		
Variante 1:						
Variante 2:						

Empfehlung / Begründung	
Empfehlung	Begründung
Variante 1	

Lösungsentscheid
Lösungsentscheid:
Begründung Entscheid:

Abb. 35: Change-Dokumenation

Varianten definieren und bewerten:
Zur Realisierung der geänderten oder neuen Anforderung werden
verschiedene Lösungsvarianten erarbeitet. Die Lösungsvarianten
werden bewertet.

Varianten mit Auftraggeber besprechen:
Die Varianten werden mit dem Auftraggeber besprochen. Die bevorzugte Variante wird ihm zur Annahme empfohlen. Ein Entscheid des Auftraggebers ist anzustreben.

Es müssen sämtliche präsentierten Lösungsvorschläge innerhalb der vorgegebenen Rahmenbedingungen und Restriktionen realisierbar sein. Der Auftraggeber wird verärgert reagieren, falls Sie ihm Varianten präsentieren, die nicht umsetzbar sind. Deshalb lieber wenige Lösungsvorschläge, aber reelle.

Vereinbarung mit Auftraggeber treffen:
Die Auswirkungen der Variante, für die sich der Auftraggeber entschieden hat, mit ihm vereinbaren. Dies kann ein Nachtrag zum Projektauftrag sein oder ein Protokoll des Steuerungsausschusses.

Änderung in Projektplanung aufnehmen:
Die Auswirkungen der vereinbarten Variante in die Projektplanung aufnehmen.

Auftrag zur Umsetzung erteilen:
Die geänderte oder neue Anforderung beim entsprechenden Teilprojektleiter oder Projektmitarbeiter zur Umsetzung in Auftrag geben.

Die geänderte Planung muss allen Betroffenen möglichst schnell kommuniziert werden.

4 Projektabschluss

4.1 Projektabschlussprozess

Der Livetest der neu entwickelten Applikation ist letzte Woche abgeschlossen worden. Das System wurde über das Wochenende erfolgreich eingeführt und durch die Fachvertreter abgenommen.

Seit der Einführung arbeiten mehrere hundert Benutzer mit der Applikation. Durch einige Benutzer sind bereits die Druckmöglichkeiten der Applikation stark bemängelt worden. Von Seiten des Fachprojektleiters werden diese Mängel an Sie herangetragen mit der Aufforderung, die Druckmöglichkeiten auszubauen.

Sie sind der Meinung, dass keine Erweiterungen mehr im Rahmen des Projekts vorgenommen werden sollten. Schliesslich ist die Applikation eingeführt und durch die Fachvertreter abgenommen worden. Der Fachprojektleiter besteht jedoch auf einer Erweiterung der Druckfunktionen im Rahmen des Projekts.

Auch in dieser Situation müssen Sie zuerst klären, was Sie mit dem Auftraggeber mittels Projektauftrag abgemacht haben. Es gibt Projektvorgehen, in denen die Nachbesserung in einem gewissen Umfang, innerhalb einer gewissen Zeit, vorgesehen ist. Das heisst, im Projektauftrag muss vermerkt sein, dass Sie Nachbesserungen nach der Systemeinführung im Rahmen des Projekts vornehmen. Falls dies der Fall ist, ist ein strukturiertes Vorgehen wichtig:

- Nehmen Sie die zusätzlichen Druckanforderungen mit dem Fachprojektleiter und den Benutzern auf.

- Planen Sie die Umsetzung dieser zusätzlichen Anforderungen. Machen Sie Aussagen zu entstehenden Kosten, personellen Aufwendungen, personellen Ressourcen und zum Terminplan.

- Stellen Sie sicher, dass die notwendigen personellen Ressourcen zum geplanten Zeitpunkt zur Verfügung stehen. Falls die Ressourcen noch für das Projekt verfügbar sind, stellt dies kein

Problem dar. Falls die Ressourcen bereits mit Linienaufgaben oder mit anderen Projektaufgaben eingedeckt worden sind, müssen Sie mit dem Linienvorgesetzten die Ressourcenplanung abstimmen.

- Lassen Sie die aufgenommenen Anforderungen sowie die Planung der Umsetzung durch den Fachprojektleiter abnehmen.
- Lassen Sie anschliessend die aufgenommenen Anforderungen sowie die Planung der Umsetzung durch den Steuerungsausschuss abnehmen.
- Geben Sie die Umsetzung bei den Projektmitarbeitern in Auftrag.
- Steuern und überwachen Sie die Umsetzung genauso, wie Sie das Projekt gesteuert und überwacht haben.
- Lassen Sie die erweiterten Druckanforderungen durch den Auftraggeber abnehmen.

Falls die Nachbesserung den im Projektauftrag vereinbarten Rahmen sprengt oder im Projektauftrag keine Nachbesserung vorgesehen ist, verweisen Sie den Fachprojektleiter an die Wartungsorganisation.
Die Wartungsorganisation geht wie folgt vor:

- Sie nimmt die zusätzlichen Druckanforderungen mit dem Fachprojektleiter und den Benutzern auf
- Macht eine Aufwand- und Kostenschätzung
- Lässt die Kostenfolgen durch den Fachvertreter abnehmen
- Integriert die Umsetzung in einen Release
- Setzt den Release um und führt diesen gemäss Releaseplanung ein

Wir raten generell davon ab, Nachbesserungen in den Projektumfang aufzunehmen. Gründe dafür sind:

- Die personellen Ressourcen müssen während dieser vereinbarten Zeitspanne für Projektarbeiten freigehalten werden und lassen sich nicht für andere Vorhaben einsetzen.
- Die Projektorganisation inkl. Steuerungsausschuss muss während der gesamten Nachbesserungszeit bestehen bleiben, was zusätzlich Kapazitäten bindet.
- Es besteht die Gefahr, dass zusätzliche, nicht vereinbarte Anforderungen im Rahmen der Nachbesserungen realisiert werden.

Wir empfehlen, für Nachbesserungen immer auf die Wartungsorganisation zurückzugreifen. Falls Sie trotzdem Nachbesserungen im Projektumfang vereinbaren, beschränken Sie diese immer auf eine bestimmte Dauer und auf einen bestimmten Umfang.

Am Ende der Umsetzungsphase werden dem Auftraggeber die Lieferobjekte übergeben. Der Betrieb und die Wartung der Systeme werden den zuständigen Organisationseinheiten übergeben. Anschliessend folgt der geordnete Projektabschluss, der sich ebenfalls in verschiedene Schritte aufteilen lässt:

- Abnahme der Lieferobjekte
- Beurteilung des Projektverlaufs
- Erstellung des Abschlussberichts
- Sichern der Erfahrungen
- Projektauflösung

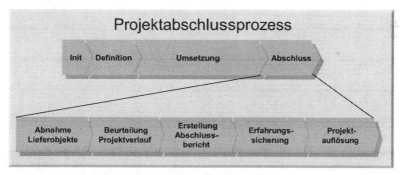

Abb. 36: Schritte des Projektabschlusses

Der geordnete Abschluss des Projekts ist genauso wichtig wie der geordnete Einstieg ins Projekt.

In den folgenden Kapiteln behandeln wir die einzelnen Schritte des Projektabschlusses.

4.1.1
Abnahme der Lieferobjekte

Die Lieferobjekte sind dem Auftraggeber übergeben worden und das System steht den Benutzern produktiv zur Verfügung. Die Verantwortung für den Betrieb und die Wartung ist den zuständigen Organisationseinheiten übertragen worden.

Was jetzt noch folgt, ist die offizielle Abnahme der Lieferobjekte. Das heisst, der Auftraggeber bestätigt, dass er mit der Lieferung einverstanden ist und dass diese die vereinbarte Leistung abdeckt. Wir empfehlen Ihnen, diese Bestätigung schriftlich einzuholen.

Sofern Sie das Projekt für einen externen Auftraggeber durchgeführt haben, stellt die schriftliche Abnahme eine Absicherung dar, damit Sie nicht zu einem späteren Zeitpunkt mit weiteren Forderungen des Auftraggebers konfrontiert werden.

4.1.2
Beurteilung des Projektverlaufs

Die Beurteilung des Projektverlaufs ist wichtig, um daraus Erkenntnisse für die Planung und Durchführung weiterer Projekte zu erhalten. Die Beurteilung beinhaltet jeweils die Sicht der Benutzervertreter, des Auftraggebers, der Mitglieder des Steuerungsausschusses sowie der Informatikvertreter und des Projektleiters.

Wir beurteilen verschiedene Aspekte:

- Beurteilung der Projektergebnisse. Entsprechen die Ergebnisse der Projektvereinbarung bzw. dem Projektauftrag.

- Beurteilung des Change Managements. Welche Anforderungen sind nach Projektstart zusätzlich aufgenommen worden oder wurden abgeändert oder gestrichen.

- Beurteilung der getroffenen Entscheidungen und wie sich diese auf den Projektverlauf und die Projektergebnisse ausgewirkt haben.

- Beurteilung der Wirtschaftlichkeit. Zum Zeitpunkt des Projektabschlusses kann die Wirtschaftlichkeit nur bedingt beurteilt werden, da der Nutzen eines Projekts oft erst nach einer gewissen Zeit nach der Systemeinführung zum Tragen kommt und somit gemessen werden kann.

- Beurteilung der Projektabwicklung. Hat sich das gewählte Vorgehen bewährt oder hätten andere oder zusätzliche Schritte die Projektabwicklung verbessert? Es ist ebenfalls zu beurteilen, ob das geplante Vorgehen eingehalten worden ist.

- Beurteilung des Verlaufs der Übergabe des Systems in die Verantwortung des Betriebs und der Wartung.

- Beurteilung der offenen Punkte. Festhalten, wem welche offenen Punkte übergeben worden sind.

- Beurteilung des Risikomanagements. Wurden die Risiken richtig eingeschätzt? Haben die risikominimierenden Massnahmen gewirkt? Sind Probleme aufgetreten, die vom Risikomanagement übersehen worden sind?

- Beurteilung, ob die erreichte Qualität der geforderten Qualität entspricht.

4.1.3
Erstellung Abschlussbericht

Die im vorherigen Kapitel beschriebenen Beurteilungen werden in einem Projektabschlussbericht festgehalten. Der Abschlussbericht wird durch den Projektleiter erstellt. Er beinhaltet folgende Punkte:

Vorlage: Word Template Dateiname: Projekt-abschluss-bericht.dot

- Kurze Projektbeschreibung. Dabei liegt die Betonung auf kurz. Die Beschreibung verfolgt das Ziel, dem Leser noch einmal in Erinnerung zu rufen, welche Ziele das Projekt verfolgte.

- Auflistung der wesentlichen Entscheidungen, die während der Projektumsetzung getroffen wurden.

- Beurteilung des Projektverlaufs.

- Beurteilung der Wirtschaftlichkeit, soweit dies zum Zeitpunkt des Projektabschlusses schon möglich ist (der Nutzen eines Projekts kommt erst eine gewisse Zeit nach der Einführung zum Tragen).

- Gegenüberstellung der Soll- und Ist-Projektergebnisse. Dazu gehören auch Erläuterungen zu den Abweichungen von der Soll-Situation. Ebenfalls sind unter diesem Punkt die daraus entstehenden offenen Punkte (zum Beispiel: eine bestimmte vereinbarte Funktion wird erst im nächsten Release entwickelt und eingeführt) zu dokumentieren.

- Offene Punkte und Mängelliste.

- Verlauf der Übergangsphase in den Betrieb und in die Wartung.

- Empfehlungen für die Zukunft. Hier kommt vor allem die Sicht des Projektleiters zum Tragen.

4.1.4
Erfahrungssicherung

Ein Projektleiter, der neu in Ihrer Unternehmung ist, befasst sich momentan mit der Planung eines neuen Projekts. Dabei möchte er gerne auf die Erfahrungen ähnlicher Projekte zurückgreifen.

Die Erfahrungen aus der Umsetzung von Projekten müssen in einer strukturierten Form festgehalten werden. Dazu drei Aspekte:

- Idealerweise ist die Vorgehensdokumentation sämtlicher Projekte des Unternehmens einheitlich. Das heisst, sämtliche Projekte verwenden identisch strukturierte Dokumente für die Projektabwicklung (zum Beispiel identische Planungsunterlagen und Statusberichte). Diese Dokumente werden in einer einheitlichen Struktur abgespeichert. Somit sind neue Projektleiter in der Lage, die Projektdokumentation ähnlicher Projekte zu verstehen und auf diesen aufzubauen.

- Die Erfahrungen der Projektleiter, die in der Projektabschlussphase dokumentiert werden, sollten projektübergreifend zum Tragen kommen. Hier bietet sich das Führen einer Knowledge-Datenbank an. Die Erfahrungen müssen in der Datenbank kategorisiert werden. Die Einträge werden durch eine zentrale Stelle geprüft und kategorisiert. Nur so ist sichergestellt, dass die Einträge die nötige Qualität aufweisen und entsprechend der Kategorie wiedergefunden werden.

- Eine weitere Möglichkeit besteht in der Pflege eines Netzwerkes zwischen den einzelnen Projektleitern. Das bedeutet, dass Informationen von Projektleiter zu Projektleiter weitergegeben werden.

Alle diese Aspekte setzen eine bestimmte Kultur voraus - eine Kultur, die Kommunikation ermöglicht. Wir machen oft die Erfahrung, dass Projektleiter, um sich unentbehrlich zu machen, nicht bereit sind, ihre Erfahrungen weiterzugeben.

4.1.5
Projektauflösung

Die Projektauflösung stellt nun den allerletzten Punkt des Projekts dar. Folgende Aktivitäten sind bei der Projektauflösung durchzuführen:

- Die Projektkostenstelle wird im Buchhaltungssystem geschlossen.

- Eine offizielle Projektabschlusssitzung ist durchzuführen. Dazu sind sämtliche Projektbeteiligten einzuladen (Projektmitarbeiter, Fachvertreter, Steuerungsausschuss, Auftraggeber, weitere Beteiligte).

- Es muss sichergestellt werden, dass sämtliche Projektmitarbeiter in andere Projekte oder in Linienstellen übergeben worden sind (die Übergabe muss bereits vor dem Projektabschluss geplant werden).

- Sicherstellen, dass sämtliche Betriebsmittel, die weder in den Betrieb noch in die Wartung übergeben worden sind, zur weiteren Verwendung freigegeben werden.

- Der Projektleiter wird von seiner Verantwortung als Projektleiter entbunden.

- Die Gremien werden offiziell augelöst.

Nach der Projektauflösung stehen keine Ansprechpersonen mehr aus dem Projekt zur Verfügung. Aus diesem Grund ist der geregelten Übergabe der Arbeiten in den Betrieb und die Wartung Beachtung zu schenken.

5 Anhang

5.1
Nützliche Fragen im Projekt

- Was geschieht, wenn wir (das Projekt) nicht auf eine Anforderung eingehen? Im einfachsten Fall – nichts! → Negativ betroffene Personen werden sicher intervenieren.

- Wer sind die Betroffenen von einer Massnahme/Änderung? → Jede Massnahme verursacht bei einer Interessengruppe Auswirkungen. Je nachdem sind die Betroffenen – auch wenn dies eigenartig klingen mag – von zweitrangiger Bedeutung.

- Welche Komponenten haben eine Schnittstelle zu der zu ändernden Komponente und wer sind die Verantwortlichen? → Die Fragestellung hat unterschiedliche Brisanz, je nachdem ob Sie Lieferant oder Nutzer ein zentralen Komponente sind oder ob alle Komponenten n:n vernetzt sind.

- Wer sind die Auftraggeber? → Besonders in Inhouse-Projekten ist das nicht immer klar. Setzen Sie ein Projekt auf Rot, wenn die Auftraggebersituation unklar ist.

- Welche Wirkung soll für wen erreicht werden? → Besonders bei Projektpräsentationen eine zielführende Frage.

- Wer priorisiert bei Sourcing-Engpässen die Lieferungen auf welcher Ebene? → Ein Projektportfolio-Controlling kann helfen, die Projekte gegeneinander zu priorisieren. Innerhalb des Projekts ist der Projektleiter zuständig.

- Welche Funktionen werden wann von wem warum benötigt? → Hilft bei der Priorisierung im Falle von Terminverzögerungen. Softwarebestandteile, die für den Jahresabschluss benötigt werden, müssen nicht bereits im Sommer ausgeliefert werden.

- Welche Schnittstellen sind von den Änderungen betroffen? → Bei vernetzten Anwendungen sind Ad-hoc-Änderungen sehr gefährlich.

- Wann sind die Schulungen geplant, und wer ist für deren Umsetzung verantwortlich?

- Welche Nutzergruppe wird mit welchem Schulungsverfahren unterrichtet? → Teach the teacher, Web-based Training, Computer-based-Training, Handbücher, Onlinehilfe etc.

- Wann startet die Werbeabteilung die Auftritte?

- Wie viele neue Mängel wurden in den letzten 14 Tagen entdeckt?

- Ist ein Änderungsverfahren implementiert und **akzeptiert** worden?

- Verstehen alle unter den gleichen Ausdrücken den gleichen Inhalt? → Beispiel: QS-Handbuch.

- Wie viele Benutzer werden mit der Software arbeiten? Wie viele gleichzeitig mit welchem Transaktionsvolumen pro Minute/Stunde/Tag/Monat?

- In welchem Arbeitsumfeld sind die Endbenutzer tätig? → Back-Office, Telefonischer Kundenkontakt, Labor etc.

- Wurde das Gesagte und Beschlossene verstanden? → Umsetzungsfähigkeit

- Wurde das Gesagte und Beschlossene akzeptiert? → Passiver Widerstand

- Wie viele Daten werden während des Betriebs der Anwendung pro Zeiteinheit neu anfallen? → Rechnerkapazität

- Wie lange müssen die Daten abrufbar bleiben? → Gesetzliche Rahmenbedingungen

5.2
Zeitplanungswerkzeuge

Die Zeitplanungswerkzeuge, mit denen Sie als Projektleiter hauptsächlich zu tun haben, werden oft als Projektmanagement-Werkzeuge verkauft und deklariert. Aus unserer Sicht sind Projektmanagement Werkzeuge nur solche, die umfassende Planungen und Steuerungen mit 100%iger Integration in die Zeiterfassungs- und Buchhaltungssysteme erlauben. Das SAP-PM Modul ist hierfür ein gutes Beispiel.

Für KMUs sind Projektmanagement-Werkzeuge dieser Grösse in der Regel ein Overkill.

Als Projektleiter werden Sie hauptsächlich mit Zeitplanungswerkzeugen zu tun haben.

Als Projektleiter haben Sie ein Projekt mit über 100 Lieferobjekten und 10 Mitarbeitern zu führen. Das Projekt hat in sich klare Abhängigkeiten. Einerseits wollen Sie möglichst wenig administrativen Aufwand in die Führung und Kontrolle des Projekts stecken, andererseits benötigen Sie die Übersicht über den Stand der Lieferungen.

Die einfachste Variante a ist die Erstellung einer Tabelle in einer Tabellenkalkulation:

a)

	Lieferung A	Lieferung B	Lieferung C	Lieferung D	Lieferung E	Lieferung F
Ist-Aufwand aktuell	20					
Ist Ende						
VermutetesEnde	01.06.2005					
Ist-Start	01.04.2005					
Plan-Ende	01.05.2005					
Plan-Start	01.03.2004					
Phase	Entwicklung					
Planaufwand	100					
Verantwortlich	H. Müller					

Die Projektmitarbeitenden haben dann selbstständig „Vermutetes Ende","Ist-Ende" und „Ist-Aufwand" aktuell zu halten. Microsoft Excel hat den Vorteil, dass gleichzeitig mehrere Benutzer den Inhalt aktualisieren können. Die Tabellenkalkulation stellt Ihnen die Mitarbeiterauslastung leider nicht automatisch zur Verfügung. Dieser Umstand verlangt von den einzelnen Projektmitarbeitern umgehende Information wenn diese versehentlich überlastet werden. Sie als Projektleiter müssen selbst erkennen, welche Lieferungen auf Grund der Überlast einzelner Mitarbeiter verzögert werden.

Den Stand der Kapazität können Sie mit einer einfachen Überschlagsrechnung, Restaufwand bezogen auf verfügbare Zeit und Mitarbeiter, ermitteln. Allerdings fehlt dann die Information zum kritischen Pfad.

Die Tabellenkalkulation könnte, sofern genügend Kenntnisse vorhanden sind, in beschränktem Rahmen die Überlastung von Mitarbeitern ermitteln. Allerdings gerät man so bald in die Komplexität des Lösungsvorschlags b.

b) Etwas komplizierter und mehr Einarbeitungszeit erfordernd ist die Variante b unter Verwendung von expliziten Zeitplanungswerkzeugen wie Scitor PS8, Primavera Project Planner P3 und oder Microsoft Project. Da MS Project eine hohe Verbreitung geniesst, beleuchten wir hier einige Aspekte des Einsatzes:

- Verzichten Sie bei MS Project auf die Erfassung von Ist-Aufwänden. Weichen Sie für diesen Zweck auf Kalkulationstabellen aus.

- MS Project kann Ist-Aufwände nicht professionell verarbeiten. Ist eine Person zu 70% einer Task zugewiesen, so kann diese nicht 90% der Zeit investieren und rascher fertig sein. MS Project beendet ansonsten die Aufgabe in der Zukunft und zieht von der Task abhängige Lieferungen nicht nach vorne.

- MS Project ist nicht in der Lage, eine Person gleichzeitig an zwei unterschiedlich priorisierten Aufgaben zu je 60% einzuplanen, das heisst die eine Aufgabe zu 60% und die andere zu 40%. Die Tasks starten nacheinander.

- Wir empfehlen die Liefergrössen in maximal 14 Tage lange Einheiten einzuteilen und die Personen zu 100% zuzuweisen.

- Die Tasks sind zu 0, 25, 50, 75 oder 100% erledigt zu bewerten. Dieses Vorgehen setzt keine Erfassung von Ist-Aufwänden voraus und visualisiert trotzdem den Fortschritt.

- Ist eine Aufgabe rascher beendet worden, kann sie gekürzt und auf 100% erledigt gesetzt werden.

- Ist eine Person nicht 100% einsetzbar, empfehlen wir, den Kalender für diese Person entsprechend anzupassen und nicht ihre Einsatzfähigkeit (%) zu reduzieren.

- Die Tasks für die Ersteingabe als „fixe Dauer/fixed Duration" deklarieren.

- Für die Mutation des Aufwands einer Task ist diese auf „fixen Aufwand/fixed Work" zu setzen.

- Sofern sich ein Task nicht in der gewünschten Art mutieren lässt, sollte dieser einfach gelöscht und neu erfasst werden, das bedeutet oft den geringsten Aufwand.

Diese Lösungsvariante b generiert mehr Administrationsaufwand, erlaubt aber andererseits eine einfachere Führung der Abhängigkeiten als Lösungsvariante a.

MS Project zeigt, wie alle anderen Zeitplanungswerkzeuge, die Überlast der Mitarbeiter in der Zukunft sowie den kritischen Pfad an.

Vorlage: MS Project Template Dateiname: Projekt- vorlage.mpt

5.3
Situationen

In diesem Kapitel finden Sie die im Buch verwendeten Situationen nach Stichwörtern geordnet.

Situationen	Seite
Ablehnung Freigabe des Rollout durch die Geschäftsleitung	84
Abnahme und Werkvertrag	30
Akzeptanzrisiko führt zur Lockerung der Sicherheitsvorschriften	82
Änderungen auf ungenaue Spezifikation	33
Anforderung zu 100% erfüllen (QS)	157
Antwortzeiten ungenügend	155
Antwortzeitverhalten als QS-Anforderung umsetzen	154
Auftrag an Firmen mit ISO-Zertifizierung	164
Auftraggeber hat keine klaren Vorstellungen über den Projektumfang	165
Auftragserteilung an die Teilprojektleiter	136
Aufwandschätzung	38
Aufwandschätzung in Matrixorganisationen	39

Situationen	Seite
Transparenter Projektstand und QS	151
Überwachung der Umsetzung der Risikominimierenden Massnahmen	108
Unterstützung bei der Erstellung eines Business Case	5
Unverständnis über qualitätssichernde Massnahmen	123
Verantwortung für den Risikokatalog	106
Verständnis der Risiken durch alle Beteiligten	94
Verträge Beurteilung (QS)	155
Wartung nach Kleinprojekt (Fremdfirma)	36
Wartung nach Kleinprojekt (inhouse)	36
Wer ist zuständig für das Risikomanagement	93
Werkvertrag HW- und SW- Lieferung	29
Werkvertrag und Abnahme	30
Wirtschaftlichkeit verändert sich	131
Zeitpunkt der Durchführung der Risikoanalyse	109
Zu wenig personelle Ressourcen für die Projektumsetzung	127

5.4
Weiterführende Literatur

#	Titel	Autor/en	ISBN
1	Handbuch Software- und Datenbank-Recht	Frank Koch	3-540-00016-X
2	Zertifizierung nach DIN EN ISO 9000	Ekbert Hering, Werner Steparsch, Markus Linder	3-540-62443-0
3	CMMI	SEI/Carnegie Mellon	www.sei.cmu.edu/cmmi
4	ISO 9000	ISO	www.iso.org
5	ISO 15504	ISO	www.iso.org

Tab. 13: Weiterführende Literatur

5.5
Tabellenverzeichnis

5.6
Abbildungsverzeichnis

Index

Glossar

Begriff	Beschreibung
AT	Arbeitstag. Einheit zur Definition der Dauer. Samstag bis Dienstag = 2 AT.
Auftraggeber	Im Auftragsverhältnis erteilt der Auftraggeber dem Auftragnehmer einen Auftrag zur Mitarbeit in einem Projekt.
Auftragnehmer	Im Auftragsverhältnis verpflichtet sich der Auftragnehmer zur Erbringung einer Dienstleistung oder Tätigkeit beim Auftraggeber.
Beauftragter	Siehe Auftragnehmer
Besteller	Im Werkvertragsverhältnis bestellt der Besteller beim Unternehmer ein Werk.
BTC	Business Technology Center. Die Verbindungsstelle zwischen den Fachabteilungen und der IT-Abteilung. Das BTC hat die Aufgabe, die Anforderungen an die IT zu bündeln. Da das BTC zu einer gewissen Schwerfälligkeit führen kann, wird diese Funktion oft abgeschafft. Da dadurch eine Zuruf-informatik mit direkten Kontakten zwischen Kunde und IT entstehen kann, wird das BTC aus der Not oft wieder eingeführt. Dies geschieht im Rhythmus von 5-7 Jahren.
CBT	Computer-based Training. Ein dem Anwender zur Verfügung gestelltes Softwareprodukt zum erlernen eines Themengebiets.
CMMI	Capability Maturity Model Integration www.sei.cmu.edu/cmmi

Begriff	Beschreibung
CNC	Computer Numeric Control
Codereview	Untersuchung des Programmcodes durch Spezialisten
CRM	Customer Relationship Management
Designreview	Untersuchung des Designs durch Spezialisten
Dienstvertrag	Siehe Auftrag
DTO	Data Transfer Object
GUI	Graphical User Interface. Bildschirmdarstellung mit direkt addressierbaren Bildpunkten.
HW	Hardware
ISO	International Standardisation Organisation. www.iso.org
KMU	Kleine und mittlere Unternehmen
Kritischer Pfad	Die ohne zeitlichen Puffer von einander abhängigen Lieferungen.
KT	Kalendertage. Einheit zur Definition der Dauer. Samstag bis Dienstag = 4 KT.
MwSt	Mehrwertsteuer
PM	Personenmonate. Einheit zur Definition des Aufwands. 2 Personen arbeiten im Januar = 2 PM (ca. 40 PT).
PT	Personentage. Einheit zur Definition des Aufwands. 2 Personen arbeiten Mo-Fr = 10 PT
QS	Qualitätssicherung. Tätigkeiten und Massnahmen zur Erhaltung oder Erhöhung der Qualität in einem Herstellungsprozess.
Releaseplan	Lieferplan. Jede Lieferung oder Teillieferung ist in diesem Zeitplan aufgeführt.
RUP	Rational Unified Process
Short List	Die engste Auswahl einzukaufender Produkte; üblicherweise maximal drei.

Begriff	Beschreibung
SLA	Service Level Agreement. Dienstleistungsvertrag in, dem der Grad der zu erbringenden Leistung (nicht Lieferung) definiert ist. In der IT kann ein SLA zur folgende Zwecken verwendet werden:

- Verfügbarkeit einer HW- oder SW-Komponente
- Servicezeiten des Helpdesk
- Servicezeiten des 2nd level Support
- Bonus/Malus bei Übertreffen/nicht Einhalten des SLA
- Minimale/maximale Bezugsmengen
- Sprungfixe Kosten[34]

SLA	Service Level Agreement
Steering-Board	Steuerungsausschuss
Steering-Committee	Steuerungsausschuss
SW	Software
TEAR	Tear (zerreissen): Ursprünglich eine auseinander gerissene Applikation. Heute wird eher eine Mehrschichten-Technologie mit dem Wortbild in Verbindung gebracht.
Unternehmer	Im Werkvertragsverhältnis erstellt der Unternehmer für den Besteller ein Werk.
WBT	Web-based Training. Eine via Webbrowser (HTML) dem Anwender zur Verfügung gestellte Schulungssoftware
WBS	Work-Breakdown-Structure. Die Aufsplittung diverse Arbeitspakete in planbare Einzelteile.
XML	Extensible Markup Language

---

[34] Ab welcher Leistungsbezugsmenge kann der Auftragnehmer die Gebühren je Einheit erhöhen, da die Fixkosten steigen. Dito für eine abnehmende Leistungsbezugsmenge.